Elisabeth Epp

Erinnerungen

HOLZHAUSEN

Elisabeth Epp
Erinnerungen

Aufzeichnungen eines Theaterlebens

Herausgegeben
und mit einem Nachwort versehen
von Maria Fialik

Verlag Holzhausen · Wien 2000

Gedruckt mit Unterstützung der Sektion II Kunstangelegenheiten
des Bundeskanzleramtes und der Stadt Wien.

.KUNST bundeskanzleramt

STADTPLANUNG WIEN

Die Deutsche Bibliothek – CIP-Einheitsaufnahme
Ein Titelsatz dieser Publikation ist bei
der Deutschen Bibliothek erhältlich

Verlag Holzhausen

Umschlag und graphische Gestaltung: Robert Kaitan
Umschlagfoto: Lichtbild Lucca, Chmel
Frontispiz: Barbara Pflaum
Druck: Adolf Holzhausens Nfg., Wien
Printed in Austria

ISBN 3-85493-022-4

Inhalt

Ambivalente Verhältnisse

1910 geboren in Cöln/Rh.

Ich will versuchen, mich zu erinnern. Was weiß ich noch selbst? Was hat man mir erzählt? Ist es nicht mehr zu trennen? Oder doch? Nichts geht gänzlich verloren, in den Tiefen unseres Seins wird die Erinnerung aus dem geboren, was uns prägt und formt.

Geboren in Cöln/Rh., am 26. Januar 1910, halb drei Uhr nachmittags, so steht es in meinem Geburtsschein. In der St. Severinskirche wurde ich getauft. Mein Bruder Max war damals neun Jahre alt, meine Schwester Madelon ein Jahr älter als er.

Vor mir liegt das große Photoalbum meiner Familie. Das erste Photo zeigt meine Großeltern in ihrem wunderschönen Garten in Goes. Sie waren damals 38 respektive 28 Jahre alt. Sie, aus altem niederländischen Patriziergeschlecht, er aus einer deutschen liberalen jüdischen Bankiersfamilie stammend, konfessionslos aus Überzeugung.

Mein Großvater war ein großer Herr, ein strenger Vater. Seine Wiege stand in Veul, einem Gut in der Nähe von Fulda. Er hatte fünf Geschwister: drei Schwestern und zwei Brüder. Die Mutter war protestantisch, und alle sechs Kinder wurden liberal erzogen. Die Söhne dienten in einem Nobelregiment, die Töchter wurden in Schweizer Pensionate geschickt. Dort freundeten sich Olga, Martha und Ida mit meiner Großmutter Maatje und deren Schwester Loes an. Maatje und Loes erhielten Einladungen nach Veul, wo sie die Brüder ihrer Freundinnen kennenlernten. Diese beiden Brüder, Max und Gustav Salberg, heirateten die Schwestern Maatje und Loes Kakebeeke. Gustav Salberg wurde Arzt, er diente in einem Regiment als Oberst in Deutschafrika. Mein Großvater, Max Salberg, verließ Deutschland und übernahm die

Großmühlen der Kakebeekes in Holland. Vom dritten Bruder Louis Salberg wurde nicht gesprochen. Er war wohl das Bête noir der Familie. Vermutlich ist er im Krieg 1870/71 in Paris auf nicht ganz honette Art erschossen worden. War er ein Spion? Aber für wen? Seine mir ganz und gar unbekannte Person hatte für mich immer die Gloriole des Abenteuerlichen. Martha heiratete einen anglikanischen Bischof und lebte in England. Olga lebte am Hof des Vizekönigs von Indien und starb in Amerika. Nur Ida, die einzige der Großtanten, die ich noch kennenlernte, kehrte, durch die Inflation verarmt, zu den Wurzeln ihrer Familie zurück. Etwa 1926 ließ sie sich in Kassel nieder, in einem jüdischen Altersheim, das ihr Vater begründet hatte. Dort starb sie hochbetagt im Jahr 1928. Die Hitlerzeit blieb ihr erspart.

Meine Großmutter war zierlich, elegant und humorvoll. Sie bewohnte mit ihrer Familie ein Barockpalais in Middelburg und führte ein großes Haus. Als ich das Palais lange nach dem Tod meiner Großeltern – mein Großvater war 1902, meine Großmutter 1912 gestorben – aufsuchte, war daraus ein Hotel geworden, in dem auch Bälle veranstaltet wurden. Der Ballsaal, mit goldbedruckter Ledertapete ausgestattet, gehörte ursprünglich zu jenem Trakt, der nur bei der Geburt eines Kindes geöffnet wurde. Nach der Geburt des letzten Kindes ließ ihn meine Großmutter in einen Gesellschaftsraum umwandeln.

Meine Mutter hatte sechs Geschwister: vier Brüder, einer davon war ihr Zwillingsbruder, und zwei Schwestern. Die Jüngste war 15 Jahre jünger als sie. Der älteste Bruder Walter starb schon im Kindesalter. Ihr jüngerer Bruder Fritz war ein sehr guter Maler, starb aber ebenfalls in jungen Jahren.

Eines der wenigen Kinderbilder meiner Mutter, die erhalten geblieben sind, zeigt ein etwa fünfzehnjähriges Mädchen bei einer Wohltätigkeitsveranstaltung. Enttäuschung liegt auf ihrem

Gesicht, wie bei einem Menschen, der vergeblich versucht, sich verständlich zu machen. Ein früheres Photo, auf dem sie mit einer Cousine im Kostüm eines zeeländischen Bauernmädchens zu sehen ist, zeigt ein anderes Gesicht: lächelnd, erwartungsvoll, als wüßte sie von ihrer Zartheit, ihrem Charme. Damals war sie etwa zwölf Jahre alt. Was ist in den Jahren, die zwischen diesen Bildern liegen, passiert? Das Bild als Verlobte zeigt ihren zierlichen Kopf im Halbprofil, weiße Rüschen um den Hals. Ihre Augen und ein Zug um den Mund scheinen zu sagen: „Seht, ich gehe meinen Weg anders als ihr wollt!" Das nächste Bild zeigt sie mit meinem Vater. Elegant an ihn gelehnt, hat der Blick etwas Distanziertes. Sie hat sich getrennt von ihrem holländischen Leben. Eine selbst gewählte Trennung, vielleicht sogar ertrotzt, die sie nie verwinden wird. Ein Jahr oder zwei Jahre später zeigt ihr Bild eine matronenhaft gewordene Bürgersfrau. Verloren ist die leichte Eleganz ihrer Erscheinung. Der Blick hat wieder jenen abwartenden Ausdruck, der aus der Erfahrung des Zurückgewiesenseins zu kommen scheint. Es ist etwas da, was mir verbietet, in das geheime Leben meiner Eltern einzudringen.

Von meinem Vater und seiner Familie nur ein paar Worte. Die Eschbaums kamen im 17. Jahrhundert nach Brühl. Als Kurfürst Clemens August dort von Schlaun sein Schloß erbauen ließ, ernannte er Virgilius Eschbaum zu seinem Burggrafen, diesem folgte Johann Eschbaum. Für dessen Sohn übernahm der Kurfürst die Patenschaft, er wurde ebenfalls auf den Namen Virgilius getauft und war später der Leibmedicus des Kurfürsten Clemens August. Die Familie wurde in Bonn ansässig, wo auch mein Vater geboren wurde.

In Idstein absolvierte mein Vater sein Architekturstudium. Aus dieser Zeit stammt das erste Photo, das ich von ihm besitze. Es zeigt ihn in der Uniform des Einjährigen. Nachdem seine drei älteren Schwestern, für die er sich verantwortlich fühlte, verheiratet waren, konnte auch er an eine Heirat denken. Aber seine junge Frau starb bereits im Alter von 26 Jahren. Der aus dieser kurzen Ehe stammende Sohn Ernst kam nach Krefeld, wo sich der Bruder meines Vaters als Arzt niedergelassen hatte.

Seine zweite Frau fand mein Vater in Holland. Nach der Hochzeit meiner Eltern 1899 blieb Ernst junior in Krefeld. Was war der Grund dafür? Brachte die Familie der jungen Holländerin kein Vertrauen entgegen? Meine Mutter war so unbürgerlich, so anders als die Kölner. Dazu kam, daß sie ja erst getauft werden mußte, ehe sie in Köln gegen den Wunsch ihres Vaters und entgegen ihres Versprechens kirchlich getraut werden konnte. Das alles hatte die strengkatholische Familie meines Vaters mit Mißtrauen erfüllt. Ich denke aber, daß auch meine Mutter sich nicht sogleich mit einem Kind belasten wollte. Dazu war sie zu jung mit ihren 21 Jahren, zu unreif und gewiß zu unsicher in ihrem neuen Leben. Als ich mir die Photos aus den Jahren nach 1899 genauer ansah, wurde mir aber auch klar, daß die Ursache jener Entfremdung im Verhältnis von Friederike zu meiner Mutter lag. Friederike konnte nicht verstehen und nicht verwinden, daß ihre verstorbene Schwester eine Nachfolgerin bekommen hatte. Friederike starb, als ich ein Jahr alt war. Hatte ich als Kind nie von dieser Tante gehört? Oder habe ich es vergessen? War ihr Name tabu bei uns? Ich hörte ihn auch später nie mehr. Im Arbeitszimmer meines Vaters hing in einem geschnitzten goldenen Rahmen das Portrait seiner ersten Frau, es war wohl kurz vor ihrem Tod entstanden. Ich habe es mir als Kind oft angesehen, eine zarte Frau lächelte zu mir herab. Zu meinem Halbbruder Ernst blieb nur ein dürftiger Kontakt.

Mein Vater hatte sehr dunkle Augen. Sein Gesicht war schön geschnitten. Bei allem, was ihn selbst betraf, war er sehr schweigsam. Nie habe ich aus seinem Mund Kritik gehört. Hatte er Einwände, dann machte er diese auf eine sehr liebevolle Art. Er hatte wunderschöne Hände, schmal und kräftig, sehr sensibel, mit fast eckigen Fingerspitzen. „Das sind Architektenhände", sagte er immer. Daß er ein sehr guter Architekt mit großem Einfühlungsvermögen war, bezeugen seine Neu- und Umbauten innerhalb historischer Ensembles. Er war auch ein exzellenter Zeichner, seine Entwürfe, seine Objektzeichnungen haben künstlerisches Flair. In seiner besten Zeit beschäftigte er zwei Techniker. In der Freizeit spielte er Klavier und Laute, die größte Freude machte er mir, wenn er dazu sang.

Mein Bruder Max und ich wurden unzertrennliche Spielgefährten, er war mein Beschützer, mein Ritter, der mich verwöhnte, der mich herumschleppte und den ich so liebte.

Das Verhältnis meiner zehn Jahre älteren Schwester Madelon zu mir war sehr ambivalent. Ich weiß nicht, womit man ihr meine Ankunft schmackhaft gemacht hat. Ich vermute, man hat mich als eine Art Spielzeug angekündigt, als hilfloses kleines Ding, das man betreuen und lieben muß, um so ihre mütterlichen Instinkte zu wecken. Ganz so, wie es die kleinen Mädchen mit ihren Puppen machen, die sich folgsam füttern, baden und wickeln lassen. Aber das kleine neugeborene Wesen reagierte anders. Es war nicht sanft und still – es schrie! Es ließ sich nicht widerstandslos die Flasche geben, es strampelte und spuckte die Flüssigkeit wieder aus. Es verhielt sich undankbar. Und die große Schwester begann die Sache zu überdenken. Der kleine Eindringling in seinen ewig schmutzigen Windeln beanspruchte Rechte, die noch gar nicht abzusehen waren. Dazu verhielt sich unsere Mutter, sicherlich wider besseres Wissen, nicht sehr psychologisch: „Das Kleine muß schlafen, das Kleine muß essen, laß das Kleine jetzt in Ruhe!" Langsam wuchs Haß in Madelons Herzen, der auch durch den starken Liebeswillen in ihr nur halb überwunden wurde. Und so zankten wir uns denn immer. Alles, was das spätere Verhältnis meiner Schwester zu Vater und Mutter trüben sollte, stammte wohl aus der frühen Zeit enttäuschter, unerfüllter Liebe zu mir, ihrer kleinen Schwester.

Ich war zwei Jahre alt, als meine Mutter 1912 im schwarzen Trauerschleier zum Begräbnis ihrer Mutter fuhr. Ihr Gesicht war so fremd unter dem schwarzen Voile. Ein Jahr später saß ich weinend in einem fremden Gitterbettchen, ich war aus dem Nachmittagsschlaf erwacht und allein. Wo war ich? Hatte man mich vergessen? Die Welt der kleinen Lisbeth war aus den Fugen. Ich schrie und schrie. Da nahte Rettung: Mein Vater kam und nahm mich auf seinen Arm. Was war passiert? Wir waren in Middelburg, in Holland, im Haus meiner Tante Lily. Der Ort der Tragödie war das Gästezimmer des Hauses. In die Zeit dieses Besuchs fiel auch der Kampf mit meiner Cousine, neun Monate älter als ich, die ihren Platz im Sandkasten des Gartens behaupten wollte. Das sind die ersten Tränen meines Lebens, an die ich mich erinnern kann.

Im Treppenhaus meines Geburtshauses in Köln, Bonnerstraße 9, hatte sich eine andere kindliche Angst- und Trotzszene abgespielt. Ich konnte noch nicht lesen, aber die Uhr kannte ich schon. Sechs Uhr war eben sechs Uhr, und niemand konnte mir vormachen, es sei schon sieben Uhr und damit Zeit zum Schlafengehen. Selten konnte man mich überlisten, aber einmal gelang es doch. Meine Mutter wollte in die Oper gehen. Ich wurde ins Bett gebracht, wachte aber bald auf und wollte meine Mutter sehen. Da sie nicht kam, ahnte ich, was man mir verheimlicht hatte. Ich reagierte nicht auf den Zuspruch des Kindermädchens Tini, entschlüpfte ihr, rannte ins Treppenhaus und rief lauthals nach meiner Mutter. Dort hielt ich mich an den Pfosten des Geländers fest, steckte den Kopf im Kampf gegen mich zurückziehende Hände zwischen die Säulchen und bekam ihn nicht mehr frei – gefangen in meinem Zorn und meiner Enttäuschung. Meine Mutter wurde aus der Oper geholt, ein Säulchen mußte abgesägt werden. Arme Mutter, sie hatte es schwer mit mir. Ich verlangte meine Rechte, die sie mir meiner Meinung nach vorenthielt.

Kurz vor dem Ersten Weltkrieg kam Tante Lily zu uns nach Köln auf Besuch. Sie sollte mich zum Zahnarzt begleiten, aber ich wollte nicht. Ich widersetzte mich, nicht etwa aus Angst vor Schmerzen, nein, aber Doktor Kitterle hatte gesagt, er wolle mir eine meiner Locken abschneiden. Erst ein wunderschöner Ball in einem wunderschönen Netz konnte mich dazu bewegen, doch zum Zahnarzt zu gehen.

Als Kind war ich auch oft in Bonn, wo Tante Sybilla, die Schwester meines Vaters, lebte. Von Bonn und Godesberg machten wir herrliche Wanderungen ins Siebengebirge. Wir durften auf einem Esel zum Drachenfelsen hinaufreiten, um dann mit dem Schiff nach Köln zurückzufahren. Tante Sybilla, viel älter als meine Mutter, älter auch als mein Vater, war eine majestätische Erscheinung. Sie bewohnte ein großes Haus in der Nähe der Rheinbrücke, hatte drei Söhne und eine Tochter, die schöne Lulu. Alle waren viel älter als ich. Lulu starb sehr früh, lange vor ihrer Mutter. Diese starb 1922, ich erinnere mich noch sehr gut an ihr Begräbnis. Es war damals nicht Sitte, daß Frauen zur Beerdigung mitgingen. So blieb ich mit den Damen der Familie zu Hause. Inzwischen steht das Haus von Tante Sybilla längst nicht mehr, alle meine Vettern sind tot.

Unsere Mutter hat uns Kinder sehr oft von sich entfernt: Mein Bruder wurde nach einem Lungenspitzenkatarrh lange in der Eifel gelassen, wo er auch das Gymnasium besuchte, und bald danach wurde er auf die Marineschule nach Flensburg geschickt. Später sah ich ihn selten. Wenn er einmal nach Köln kam – ich glaube, ungern – dann stets nur für ein paar Tage. Nur wenige gemeinsame Jahre waren uns gegeben.

Meine Schwester kam schon 1915 nach Eschweiler ins Pensionat. Ende 1916, ich ging bereits in die Schule, schickte man auch mich in diese Verbannung. Die Ernährungslage in Köln war schlechter geworden. Meiner Erinnerung nach war der Schlafsaal riesig. In langen Reihen standen weiße Kojen, jede mit Bett, Waschtisch und Schrank ausgestattet und mit einem weißen Vorhang abgeschlossen. Nächtliche Parkplätze für kleine Mädchen. Tagsüber wurden wir ausführlich beschäftigt. Das wöchentliche Bad durfte nur mit Hemdchen absolviert werden. Im grauen Treppenhaus roch es wie überall nach gelben Rüben. In diesem Haus sollte ich einen großen Schmerz erfahren: Ein Weihnachtsspiel wurde vorbereitet. Das kleine Mädchen, das das Jesuskind spielen sollte, erkrankte. Ich wurde als Ersatz gewählt. Ein rosa Kostüm mit blauer Schleife wurde anprobiert, und ich war in freudiger Aufregung. Aber das kleine Mädchen wurde rechtzeitig gesund. Ich war zutiefst enttäuscht. So endete mein erster Kontakt mit dem Theater. Damals ahnte ich freilich nicht, daß ich später noch manchen Schmerz um des Theaters willen erleiden sollte.

Ostern 1917 kam ich nach Hause. Ich ging wieder in die mir schon bekannte Kaiserin Augusta-Schule. Das Zwischenspiel in Eschweiler war beendet. Wir wohnten nun nicht mehr in der Bonner Straße, die neue Adresse hieß Weyertal 80. Es war aber kein Tal mehr da, und es gab auch keinen Weiher mehr. Unser Haus war ein Neubau und lag inmitten von Gärten. Vor dem Haus war die Straße mit wunderschön blühenden Rotdornbäumen bepflanzt. Mein Schulweg führte mich durch Kartoffelfelder, vorbei an verwilderten Wiesen. Ich trug Holzpantöffelchen, die lustig klapperten. Auf dem Feldweg blieb ich bei jeder Blume stehen. Am besten gefielen mir die Winden und die Kartoffelblüten.

Noch im selben Jahr rief mich meine Mutter mit einem Brief in der Hand zu sich. Schon lange war die Rede davon, mich zur Erholung nach Holland zu schicken, zu Tante Lily nach Middelburg. Da sich Deutschland im Kriegszustand befand, schien ein solches Unternehmen ziemlich unsicher. Darin hatte ich eine Hoffnung gesehen, die Reise allein in ein fremdes Land schien mir nicht sehr verlockend. Aber Mutters aufgeregtes Winken verkündete nichts Gutes, mein Gefühl sollte recht behalten. Alle gewünschten Unterlagen waren da: ein Reisedokument auf meinen Namen, die Erlaubnis, Deutschland mit einem Rotkreuzzug zu verlassen, und der Name meiner Begleitperson, einer alten, mir völlig unbekannten Dame.

Geplant waren drei Wochen, es wurden drei Jahre

Der Reisetag: 17. August 1917. Es war also entschieden, ich mußte fort. Geplant waren drei Wochen, es wurden drei Jahre. Ich weiß heute nicht mehr, wieviel Zeit von diesem Tag bis zur Abreise geblieben ist. Sie wurde jedenfalls damit zugebracht, mich so gut wie möglich auszustatten. Ich erinnere mich an ein braunes Taftkleidchen mit blauem Samtbesatz und einen passenden Hut. Ich weiß nicht, ob ich das Kleid oft getragen habe, aber ganz bestimmt lag soviel Sehnsucht nach ihrem geliebten Holland in der Art, wie Mutter sich bemühte, mir möglichst viele hübsche Dinge mitzugeben. Es war ja Krieg, und auch mit viel Geld bekam man nicht, was man gerne wollte. Vater und Mutter brachten mich zum Zug, wo ich der fremden Dame anvertraut wurde. Ein mageres, blasses Kind mit großen traurigen Augen saß der alten Dame gegenüber, die sich vergeblich bemühte, das Kind zum Sprechen zu bringen. Ich aber drückte mich tief in die rote Samtpolsterung des Ersteklassewagens und sah zum Fenster hinaus, sah die Stadt sich entfernen, sah den Dom kleiner und kleiner werden, die Landschaft vorbeigleiten und wußte nicht, wohin dieser Zug mich bringen würde, denn alles war unbekannt: das Land, die Menschen, die Sprache.

Es war wohl dieser Tag, der den Boden bereitet hat für alle Einsamkeiten meines Lebens. Es war nicht Angst, die mich erfaßt hatte, es war das Gefühl des Ausgestoßenseins aus dem Vertrauten, aus der mich umgebenden kleinen Welt der Familie. Dem anderen, dem ich entgegenfuhr, sah ich gelassen entgegen und war bereit, es hinzunehmen. Aber ich war nicht bereit, darüber zu sprechen.

In Rotterdam erwartete mich meine Tante Lily. Drei Jahre zuvor war sie in Köln gewesen, aber jetzt stand sie mir als eine Fremde gegenüber, ich erkannte sie nicht. Sie küßte mich, und wir stiegen in einen anderen Zug, der uns nach Zeeland brachte, nach Middelburg. Erschöpft von der langen Reise und den nicht geweinten Tränen, wurde mir eine kurze Rast im Haus der Tante gegönnt, wo im Speisezimmer ein Glas Milch für mich bereitstand. Dann fuhren wir mit dem Auto weiter nach Domburg, in das freundliche kleine Seebad, wohin meine Familie seit Jahren reiste. Großmama hatte dort nahe der Dünen ihr Sommerhaus, das neben dem Haus der Königin von Rumänien, mit der sie befreundet war, stand.

Als ich nach Holland kam, lebte Großmama schon lange nicht mehr, und Onkel und Tante mit ihren Kindern und der Mademoiselle hatten, wie schon die Jahre zuvor, die Hälfte einer Pension gemietet. Mitternacht war vorbei, als wir endlich dieses Ziel erreichten. Da man für diese erste Nacht kein Zimmer für mich hatte, war mir auf dem Speicher ein Raum provisorisch eingerichtet worden. Meine Tante führte mich in diesen finsteren, menschenleeren Dachboden hinauf. Das Licht in der Hand tragend, ging sie die steile Treppe voraus. Ach, diese steilen holländischen Treppen! Im Schein der Kerze, denn es gab kein elektrisches Licht, sah ich mich um. Holzwände trennten den kleinen Raum von dem übrigen Dachboden ab, der dunkel war, bedrohlich groß und verwinkelt schien. In dem schrägen Dach gab es nur ein Fenster. Gehorsam auf die wartende Tante schauend, zog ich mich rasch aus und legte mich in das fremde Bett. Die Tante deckte mich zu, küßte mich, verließ den Raum und nahm die Kerze mit sich. Ich blieb in der Dunkelheit allein zurück. Ratlosigkeit, Fremdheit und Wehrlosigkeit waren so groß, daß für Angst kein Platz mehr war. Die Dunkelheit hatte ein Loch: Der Lichtschein, der von außen durch das kleine Fenster fiel, zeichnete sich auf dem Boden als Viereck ab. Der Raum war in jenes seltsame Licht getaucht, das der Dämmerung vorausgeht und allen Dingen die Wirklichkeit nimmt. Ich meinte, daß böse Augen auf mich blickten. An der Wand war der Kleiderhaken, an dem meine Kleider hingen: mein neuer Mantel, der Strohhut, das neue blaue Kleid mit dem gestickten weißen Kragen. War es erst heute gewesen, daß Mutter mich angezogen hatte? „Wie hübsch du aussiehst", hatte sie gesagt. Es schien mir so lange her, so weit weg. Im Schatten dieser Nacht wurde alles undeutlich und fremd und voller Rätsel. Warum war ich hier? Warum mußte ich fort von zu Hause? Warum gab es für mich bei meinen Verwandten keinen anderen Platz? Es regnete. Das gleichmäßige Rauschen schläferte mich ein. Im Einschlafen dachte ich: Der Regen weint für mich. Dann schlief ich bis zum Morgen, bis die ersten Geräusche im Haus mich aufweckten.

Gleich nach dem Aufwachen stand ich auf, zog mich an und flocht meine Zöpfe, die ich als Schnecken über den Ohren trug. Dann ging ich mutig hinunter und fiel die steile Treppe hinab. Eine solche Treppe hatte ich in Deutschland noch nie gesehen.

Aber ich verbarg heroisch meinen Schreck, den Schmerz und die blauen Flecken und suchte das Speisezimmer. Onkel Eduard, diesen wunderbar liebenswerten Mann, kannte ich kaum. Meinen Vetter und meine Cousine, beide etwas älter als ich, hatte ich von meinem ersten Besuch in Holland nicht mehr in Erinnerung. Nun saßen wir uns also gegenüber, verlegen erst, weil die Konversation nicht so recht funktionieren wollte. Der Bann löste sich erst, als einer von uns zu lachen begann. Allerdings konnte ich nicht verstehen, warum es sie so erheiterte, als ich fragte, ob denn genug Brot für alle da sei. Wie hätten sie es denn auch wissen sollen?

Nach dem Frühstück nahmen sie mich in ihre Mitte, und wir gingen an den Strand. Ach, ich armes Stadtkind, was wußte ich von der See? Von den Dünen führte uns ein schmaler Weg weiter hinauf. Da stand ich nun. Der blaue Himmel mit kleinen Schäfchenwolken wölbte sich ohne Horizont über mir bis zu meinen Füßen. So schien es mir jedenfalls, bis ich begriff, daß diese unendliche Bläue das Meer war, das nahtlos in den Himmel überging. Die kleinen Schäfchenwolken waren Wellen, die sich dem Ufer näherten. Es waren jedoch nur wenige Tage nötig, um mich mit dem Wunder Meer vertraut zu machen und mich das Kinderparadies Strand lieben zu lehren.

Ein oder zwei Mal kam ein Verband von Kampffliegern über die See. Alles floh vom Strand. Ich wollte bleiben, denn, so meinte ich: „Ich bin ein deutsches Kind, mir tun die nichts." Aber dann kam ein Abend ...

Wir saßen auf der Terrasse des Badpavillons, wir Kinder durften länger aufbleiben an diesem Sommerabend. Da näherten sich im verblassenden Abendlicht zwei Flugzeuge. Das eine von Westen, das andere von Osten. Das Duell zwischen dem deutschen und dem englischen Kampfflieger begann direkt vor unseren Augen, ganz nahe der Küste. Die Gäste des Restaurants drängten sich mit Ferngläsern ausgerüstet an die Brüstung der Terrasse, auch wir Kinder ließen unser Eis im Stich und schauten zu. Wir sahen die Feuersalven von einer Maschine zur anderen, wir sahen, wie die Flieger einander hinunter- und hinaufjagten und im Nahkampf verfolgten, bis schließlich beide wie riesige Fackeln brennend ins Meer stürzten. Und mit diesen Fackeln stürzten Menschen ins Meer. Dieser Gedanke war für mich entsetzlich. Der Krieg hatte mich von der Geborgenheit meines Elternhauses getrennt.

Als der August zu Ende ging, durfte ich nicht nach Köln zurückfahren, ich blieb in Middelburg. Schon im September ging ich in die holländische Schule. Ich bekam ein Fahrrad, der Chauffeur meines Onkels lehrte mich fahren. Es kam der Herbst, dann der Winter mit all seinen Freuden: mit Schlittschuhlaufen auf den zugefrorenen Grachten, von Dorf zu Dorf und rund um Middelburg. Überall standen kleine Zelte mit heißer Anismilch oder Schokolade, wohl auch mit Genever für die Großen, und Oliebollen. Man konnte am Stock laufen, auf Bildern alter Niederländer ist das zu sehen: Zu dritt, zu viert, zu fünft hält man sich an einem langen Stock fest und schwebt dahin. Der Stärkste voran, die Schwächsten in der Mitte. Bei uns war es so, daß de Vogd, unser altes Hausfaktotum, halb Diener, halb Gärtner, als erster fuhr, dann kamen wir drei der Reihe nach und den Schluß machte das Fräulein, eine liebe Friesländerin. In welch seltsame Welt fühlte ich mich da versetzt!

Der Höhepunkt an Geheimnis und Aufregung war natürlich Sinterklaas. An jedem 5. Dezember kam St. Nikolaus auf einem Schimmel über die Dächer geritten, gefolgt von seinem schwarzen Diener Piet. Wenn Sinterklaas ins Haus kam, verließ uns die Sicherheit. Wir bedauerten, daß das Fräulein immer an diesem

Tag ihren langen freien Nachmittag hatte und unsere jüngste Tante Olga, die stets in dieser Woche zu Besuch kam, nie den früheren Zug benützte, sodaß sie Sinterklaas immer versäumte. Beide wären uns Halt gewesen in unserer ungern eingestandenen Furcht. War das große Schauspiel von Sinterklaas mit ermahnenden Worten, Lebkuchen und Pfeffernüssen vorbei, hatte Zwarte Piet mit drohenden Lauten und grotesken Bocksprüngen, die uns halb geängstigt, halb zum Lachen gebracht hatten, die Rute lange genug geschwungen, wurden beide von meinem Onkel voller Ehrfurcht zur Tür hinausbegleitet. Wir waren erleichtert, und auch das Fräulein und Tante Olga trafen, gleich nachdem Sinterklaas und Piet gegangen waren, ein. Nun fing ja erst das eigentliche Fest mit aller Tollheit an. Schon Wochen vorher war mit den Vorbereitungen begonnen worden. Für die kleinen Geschenke wurden phantasievolle Verpackungen gebastelt und lange, lustige Gedichte geschmiedet, die sich stets auf irgendeine Begebenheit des vergangenen Jahres bezogen.

In den Wochen vor dem so heißersehnten Tag gingen wir nach dem Abendessen mit meiner Tante oder dem Fräulein aus, um die herrlich erleuchteten Geschäfte anzusehen. Das dann folgende Weihnachtsfest wurde still begangen. Da meine Verwandten konfessionell nicht gebunden waren, lebten wir auch nicht nach einem kirchlichen Jahreskreis. Weihnachtsbäume kannte man zu der Zeit in Holland nicht. In der Halle hing ein riesengroßer Julkranz, der mit roten Kerzen und langen roten Bändern verziert war. Überall rote Tulpen. Die Weihnachtstafel war festlich geschmückt. Der Ilex zwischen den Tulpen ließ seine stacheligen Blättchen mit den roten Beeren im Licht der vielen Kerzen erglänzen. In der Mitte thronte – was unsere Kinderherzen am höchsten schlagen ließ – ein Leuchtturm, dessen Spitze sich von innen beleuchtet drehte. Welche Speisen bei dem stets großen

Diner gereicht wurden, weiß ich nicht mehr, aber die Krönung bildete der brennende Plumpudding.

Das Silvestersouper brachte traditionsgemäß viele Gäste. Wir Kinder durften länger aufbleiben und Austern und Kaviar essen. Mit dem neuen Jahr kam erst der Winter, von dem ich schon vorwegnehmend erzählt habe. Das Klima in Holland ist durch den Golfstrom bis Dezember sehr mild. Erst Mitte Januar wird es frostig. Die Kälte dauert nicht sehr lang. Wie viele Freuden gab es doch außer dem Schlittschuhlaufen und dem Schlittenfahren noch. Da waren die Tanzstunden, die Kinderfeste, die Maskenbälle, die Konzerte, zu denen wir schon sehr oft mitgenommen wurden. Was für eine wunderbare, unbeschwerte, glückliche Zeit war mir in diesen Jahren geschenkt.

Jeden Donnerstag war in Middelburg Markt. An diesen Tagen wurde die Stadt, so wie es ihr Name andeutet, zum Mittelpunkt der Provinz Zeeland, deren Hauptstadt sie war. Von allen zu dieser Provinz gehörenden Inseln kamen Bauern in ihren Trachten zum Einkaufen. Die Bäuerinnen trugen reiche Kostüme mit kostbaren Spitzenhauben und an der Stirn Goldschmuck, an dessen Form man erkennen konnte, ob seine Trägerin reformiert oder katholisch war. Die Bauern kamen zum Viehkauf, die Frauen interessierten sich für Stoffe und Geschirr. Für uns war das immer wieder ein vergnügliches Schauspiel. Dominiert wurde der schöne große Platz von dem alten Rathaus. Ganz nahe stand das Haus meiner Großeltern.

Diese drei Jahre in Holland sind in mir gegenwärtig geblieben: jedes Fest, jede Ausfahrt, die Sonnenuntergänge am Meer, die Springfluten in Vlissingen, das Meeresleuchten in Domburg, die Jahresfeste. So vergaß ich im Spielen, im Lernen, im Heranwachsen, daß ich nicht Kind des Hauses war, daß meine geliebte Tante nicht meine Mutter war. Manchmal tauchte in mir das plötzliche

Gefühl auf, in dieses Paradies eigentlich nicht hineinzugehören, ein Fremdkörper zu sein. Undeutlich sah ich eine Stadt mit einem Dom, in der ein Vater und eine Mutter waren, von denen ich nicht einmal mehr ein Bild hatte. Was in jenen Jahren in diesem Land geschah, war mir überhaupt nicht bewußt. Welchem ungeheuren Prozeß, welcher Wandlung meine Eltern gegenübergestellt waren, ahnte ich nicht im entferntesten.

Im September 1920 brachte mich Tante Lily nach Köln zurück. Ich hatte mein zweites Paradies verloren.

Ich erträumte mir eine eigene Welt

24. September 1920, Köln Hauptbahnhof. Meine kalte Hand preßt sich ängstlich in Tante Lilys vertraute Hand. Ich zittere. Wir halten nach meinen Eltern Ausschau. Da winken zwei fremde Menschen, Vater und Mutter.

Ich hatte Mutter ein Jahr zuvor in Holland kurz gesehen. Damals war ich gerade aus der Schule nach Hause gekommen, als im Salon eine Dame in einem dunkelvioletten Kostüm mit Nerzkragen und einem Federhütchen mit Schleier stand – meine Mutter. Sie mußte wohl eben erst eingetroffen sein. Sie war gekommen, um ihr mütterliches Erbteil, das ihr 1916 aus dem Verkauf der elterlichen Fabrik zugefallen war und liegenbleiben mußte, solange der Krieg dauerte, nach Deutschland zu holen. Erkannte ich sie? Und wenn ich sie erkannte, erkannte ich sie nicht nur deshalb, weil man mir gesagt haben mag, daß sie kommen würde? Sie war damals 41 Jahre alt, wegen des Geldes kam sie nach Holland, ein Jahr nach Ende des Krieges. Warum nahm sie mich nicht mit zurück nach Köln? Was war der Grund dafür?

Meinen Vater erkannte ich nicht mehr, aber er nahm mich so liebevoll in die Arme, daß ich meine Angst verlor und ihn küßte.

Wir gingen zu viert hinaus und standen vor dem Dom. Die große Stadt schüchterte mich ein. Die Etagenwohnung im Haus Weyertal 80 erschien mir jetzt eng. Das schmale Treppenhaus mit Steintreppen, Eisengeländer, das schöne, moderne Bad, die Zentralheizung, das alles sagte mir nichts. Keine offenen Kamine, keine breiten Eichentreppen, kein Garten – hier gab es nur einen kleinen Balkon, um über Gärten zu schauen. Die große Schwester gab sich der kleinen gegenüber ein wenig ratlos. Das konnte nicht gutgehen. Und vor allem: Ich konnte kein Wort Deutsch. Nach zwei Tagen fuhr Tante Lily zurück nach Holland. Wir nahmen Abschied. Als ich sie küßte, merkte ich, daß sie weinte. Ich war nicht einmal dazu fähig. Erst als ich viel später auf dem Balkon stand und hinuntersah, wo einst Kartoffelfelder gewesen waren, jetzt standen dort Häuser, lösten sich meine Tränen.

Ein neuer Abschnitt in meinem Leben begann. Wir wuchsen wieder zusammen, meine Eltern, meine Schwester und ich. Ich gewöhnte mich an die Großstadt, an das weniger luxuriöse Leben, an die Stadtwohnung. Ich bekam Deutschunterricht. Am 10. Januar 1921, also ein Vierteljahr nach meiner Rückkehr aus Holland, ging ich wieder in eine deutsche Schule. Mein Deutsch war allerdings noch immer fürchterlich. Aber etwas ganz Neues kam in mein Leben: Ich bekam Religionsunterricht, hatte ich doch bis dahin wie ein Heidenkind gelebt. In Holland gibt es in den Schulen keinen Religionsunterricht. Ich schrieb schon, daß Mutter sich erst in Köln – und das gegen den Willen ihres Vaters – taufen ließ, um der deutschen Familie willen. Aber Güte, Nächstenliebe, Verständnis für den Nächsten und Toleranz wurden uns vorgelebt.

Wir hatten eine junge Religionslehrerin. Empfindsam, sensibel, bereit zu lieben, wie ich war, schloß ich Jesus sofort in mein Herz. Doch welche Qualen wurden geweckt, als diese Lehrerin mit allem Realismus uns kleinen Kindern die Christenverfolgungen schilderte und uns ermahnte, Christus treu zu bleiben, wenn wieder Verfolgungen kommen sollten. Und das könne täglich sein. Weinend saß ich in meinem Bett, voller Angst, ob ich die Kraft hätte, in einem Martyrium zu bestehen und Christus nicht zu verraten. Meine Schwester mußte mich trösten. Sie setzte sich an den Flügel und spielte Chopin und Schumann für mich. Zwanzig Jahre später werde ich an diese Lehrerin und ihre Prophezeiung denken.

Das Jahr der Heimkehr war vorüber. Ein kleines Glück gab es: Ich bekam einen Freund und lieben Gefährten, einen Wolfshund. Inzwischen hatten wir die Wohnung am Weyertal gegen eine etwas größere in der Lütticherstraße getauscht. Sie lag in der Nähe der Innenstadt, nahe dem Ring und der Oper. Das Leben, das sich nun vor mir ausbreitete, war bunt. Von den Beschwerlichkeiten der Nachkriegszeit bemerkte ich nicht viel. Das linksrheinische Gebiet war von den alliierten Truppen besetzt. In Köln waren die Engländer. Freilich gab es Schikanen. So mußte die englische Fahne gegrüßt werden, die Männer sollten vor ihr den Hut ziehen. Man ging also ohne Hut. Die Segelboote des Segelclubs wurden beschlagnahmt, aber nicht für lange Zeit. Das Segeln auf dem Rhein machte den meergewohnten Engländern keine Freude.

Andere Prüfungen kamen nun auf mich zu, schwere Krankheiten, die sich über fast zwei Jahre hinzogen. Es begann mit einer harmlosen Blinddarmoperation schon zwei Tage nach dem Fest der Erstkommunion. Ich ging diesem Abenteuer mit großer Neugierde entgegen, ließ mir im OP alles erklären, fand die Sache und mich selbst in dieser Situation sehr interessant und wachte vergnügt in einem schönen Zimmer, in dem meine Schwester bei mir sein durfte, auf. Nach wenigen Tagen war ich wieder zu

Hause. Ich war trotz der Umstellung, die mein Leben so verändert hatte, ein glückliches Kind. Konnte ich nicht dort sein, wo ich gerne sein wollte, konnte ich nicht haben, was ich mir gewünscht hatte, dann konnte ich das alles doch in meinen Träumen erreichen. In meinen Träumen konnte ich überall sein und zur gleichen Zeit, ich konnte alles haben und in Händen halten. Alles war so wirklich wie jede reale Wirklichkeit. Ich konnte mir meine Freundinnen und Freunde aus Holland ins Zimmer holen, konnte mit ihnen spielen, sprechen, lachen. Ich war ein verträumtes Kind, meine Träume halfen mir zu leben.

Nach der Blinddarmoperation und nach einem herrlichen Sommer in der Eifel mit Mutter und Schwester begann der Firmunterricht. In einer der Vorbereitungsstunden, es war der 22. Oktober 1921, bekam ich mittags starke Magenschmerzen. Ich wurde nach Hause geschickt. Der Zustand verschlimmerte sich, ich schrie vor Schmerzen. Der Hausarzt war ratlos, und so saß um sechs Uhr abends ein Ärztekonzilium an meinem Bett. Die Schmerzen hatten aufgehört, aber ich lag da wie gelähmt, ich konnte mich nicht mehr bewegen. Eine sofortige Operation wurde beschlossen. Mein geliebter Hund, der sonst niemandem erlaubte, mich anzufassen, lag still und ängstlich in seinem Korb und ließ mich von den Sanitätern wegtragen, als wisse er alles. Derselbe Primararzt, der schon die Blinddarmoperation durchgeführt hatte, gab auf, weil er die Situation in meinem armen kleinen Kinderbauch für hoffnungslos ansah. Da bat sein Assistent, ob er zu Ende operieren dürfe. Nun, er hat mir das Leben gerettet. Drei Tage lag ich ohne Bewußtsein, nur mit Kampferspritzen wurde die Herztätigkeit in Gang gehalten. Ich hatte eine schwere Bauchfellentzündung. Wie es hieß, war ein bei der ersten Operation vergessener Wattetampon die Ursache. Erst kurz vor Weihnachten durfte ich nach Hause.

Wenn ich über das Jahr 1922 schreibe, dann sehe ich das Haus auf dem Ubierring vor Augen und jenen Mann, den wir Onkel Jakob nennen mußten. Er war unser Hausarzt, ein Freund aus dem Kreis des Kölner Clubs für Wassersport, in dem mein Vater aktives Mitglied war. Wir verbrachten fast jeden Sonntag in dessen schönem Bootshaus auf dem Rhein, das mein Vater für ihn erbaut hatte. Meine Schwester und ich haben nie verstehen können, was unsere sonst so wählerische Mutter an diese Familie band. Es gab gewiß eine Leere in ihrem Dasein, die die eigene Familie nicht ausfüllen konnte.

Die ersten Wochen des Jahres 1922 brachten die ersten Schritte der Genesung für mich. In Begleitung unseres Hausarztes, eben jenes Onkel Jakob, und seiner Tochter Hilde fuhr ich mit meiner Mutter und meiner Schwester nach Hinterzarten in den Schwarzwald. Die Tage in Hinterzarten brachten uns erstmals mit Wintersport in Berührung, und wir genossen es, bei herrlichem Schnee mit der Rodel den Waldweg herabzusausen und erste zögernde Schritte auf Skiern zu machen. Sportbetrieb, wie man ihn heute kennt, war damals noch völlig unbekannt.

Die kleine Pension, in der wir untergebracht waren, war ganz reizend. Große alte Kachelöfen gaben eine wohlige Wärme. Die Idylle im Schwarzwald war perfekt. Mir ging es nach der langen Krankheit über Erwarten gut. Meine Schwester war beauftragt, auf mich zu achten, damit ich mich nicht überanstrengte. Aber mir blieb genug Freiheit, um den Schnee, das Rodeln und die Spaziergänge im herrlichen Wald zu genießen. Obwohl meine Mutter, Madelon und Dr. Kerstmann abreisten, blieben Hilde und ich noch bis März in der Obhut des dortigen Arztes Dr. Federer und seiner Frau. Wir waren in Pension bei ihnen, und ich wurde liebevoll betreut. Ruhestunden im Garten der Arztvilla unter den vom Föhn bewegten Bäumen sind mir sehr gegenwärtig.

Wieder in Köln und wieder in der Schule, machte sich die versäumte Zeit bemerkbar. Vor allem mein Deutsch war katastrophal. Am Ende des Jahres erkrankte ich an einem schweren Lungenspitzenkatarrh, und wir fuhren, diesmal mit meinem Vater, wieder in den Schwarzwald, nach Furtwangen. Es kam, wie es kommen mußte: Ich schaffte das nötige Pensum zum Aufstieg in die nächste Klasse nicht. Ich wechselte die Schule und kam in das katholische Lyceum St. Gerion, eine bekanntermaßen leicht zu bewältigende Schule. Ohne es zu ahnen, hatten meine Eltern dadurch meine natürliche Trägheit unterstützt. Ich kam voran, ohne mich besonders anzustrengen. Aber zwei wesentliche Impulse für mein Leben brachte mir diese Schule: die Begegnung mit einer Lehrerin, Frau Dr. Schneider, die mir Kunstgeschichte nahebrachte, und das Objekt dazu – die herrliche Kirche St. Gerion.

In der Schule, unter gleichaltrigen Mädchen, konnte ich fröhlich sein und fühlte mich freier als zu Hause. Bei den meisten Lehrerinnen war ich beliebt und hatte Narrenfreiheit, seit die Handarbeitslehrerin mir während der Stunde meine Gedichte abgenommen hatte. Sie las die Gedichte und gab sie mir ohne Kommentar zurück. Handarbeiten mußte ich von da an keine mehr machen, ich wurde aber zur Vorleserin bestellt und bekam im Zeugnis stets eine Eins.

Zu Hause war das Verhältnis zu meiner Schwester denkbar schlecht. Sie besuchte das Konservatorium und studierte Klavier bei Prof. Uzielli. Zehn Jahre älter als ich, nahm sie sich Rechte heraus, die – wie ich fand – ihr nicht zustanden. In meinem Tagebuch vermerkte ich, wie sehr ich unter diesen Auseinandersetzungen litt. Oft lag ich dann weinend im Bett.

Im Januar 1923 machte mein Vater zum letzten Mal Ferien mit uns. Am 8. Januar hatte er seinen 60. Geburtstag gefeiert. Mit diesem Tag wurde seine Lebensversicherung fällig. Er war ziemlich hoch versichert. Als der Betrag ausgezahlt wurde, konnte er sich gerade zwei KOH-I-NOOR-Zeichenstifte dafür kaufen. Der Schrecken der Inflation hatte meine Familie mit ganzer Härte getroffen.

Es ist seltsam, daß mir das Bild meiner Mutter aus dieser Zeit gar nicht gegenwärtig ist. Sie war gerade 45 Jahre alt. Wie war ihr Verhältnis zu Vater? Wie zu jenem Mann, der als Hausarzt stets anwesend war und den wir – hier waren meine Schwester und ich uns einig – haßten. Was ahnten wir? Und Vater? Er war so schweigsam, kämpfte ums Überleben in einer Zeit, die ihm alle Werte genommen hatte. Was immer zwischen ihm und Mutter gestanden haben mag, da auch sie ihr Vermögen verloren hatte, fühlte er sich für sie und für die Sicherung ihrer Zukunft verantwortlich. Unter diesem Aspekt muß man die unendlich düstere Stimmung in unserem Haus betrachten. Was geschah mit Mutter? Was bedrückte sie so sehr? War es die Angst vor dem Kommenden oder einfach der Zusammenbruch eines Menschen, dessen Wünsche und Hoffnungen nicht erfüllt worden waren und der völlig vereinsamt war? Meine Mutter erkrankte schwer. Sie litt an einer Nervenentzündung mit starken Schmerzen im Kopf und im rechten Arm. Als Heilmittel wurde Pantopon verabreicht. Mutter war eine Zeitlang in einem Sanatorium in Hamburg. Heute vermute ich, sie mußte von dem Gift Pantopon befreit werden. Sie kam geheilt zurück, aber noch im Alter klagte sie über Schmerzen im rechten Arm.

Im Sommer 1923 schickte man mich nach Bad Kreuznach in ein Kindererholungsheim: Ruhestunden in den Salinen, Wanderungen in den Wäldern, Pilze suchen, Freundschaften, harmonisches Zusammensein und dann ...

Ein hoher französischer Offizier, Bad Kreuznach lag in der französischen Besatzungszone, hatte seine kleine Tochter in das

Heim gebracht, damit sie ein Kind sein könne unter anderen Kindern. Es war sichtlich eine Geste des Vertrauens. Aber er hatte wohl kaum mit Chauvinismus bei Kindern gerechnet. Die Kleine war höchstens ein oder zwei Tage im Erholungsheim, als eine Gruppe von etwa drei oder vier Mädchen sich auf sie stürzte und sie unter dem Vorwand, mit ihr spielen zu wollen, auf das Bett warf und regelrecht verprügelte. Alles ging so schnell, der Übergang vom Spiel zur Quälerei war perfekt. Ich eilte dem Kind nicht zur Hilfe, sondern stand am Fuße des Nachbarbettes und schrie vor Schreck und Angst. Zum Glück kam die Erzieherin sehr rasch und befreite das kleine Wesen, das noch am selben Abend vom Vater abgeholt wurde. Germaine war der Name des Mädchens, das ich nie vergessen habe. Noch immer erfüllt es mich mit Scham, daß eine solche Szene möglich war.

Die wirtschaftliche Lage in Deutschland hatte sich außerordentlich zugespitzt. Am 3. Juni 1923 schrieb ich in mein Tagebuch: *Herrgott, sind das Zustände!* Und mit unfreundlichen Worten geht es weiter: *Nur durch die Franzosen kommt doch die Teuerung und durch die Teuerung der Streik. Der Dollar 80.000 Mark, lächerlich wie das steigt. Kein Gas oder doch schwer beschränkt.* Hier klingt des Volkes Stimme durch. Wie war die Situation wirklich, so bald nach dem Krieg? In Deutschland und Österreich nahm die Inflation astronomische Formen an. Die sozialen Folgen der Geldentwertung waren verheerend. Schrieb ich Anfang Juni, der Dollar stehe auf 80.000 Mark, so stand er am 20. Juli schon auf 700.000 Mark. Das Fahrrad, das mir versprochen worden war, kostete fast fünf Millionen Mark. Im Sommer sollte ich noch einmal nach Kreuznach fahren, aber daraus wurde nichts. Waren Geldsorgen der Grund dafür? Ich schrieb in mein Tagebuch: *Ich sehne mich so hinaus in die Natur, weil ich mich da Gott näher und meine Liebe zu ihm in meinem Herzen wachsen fühle.*

In diese Zeit fällt auch meine große Schillerliebe. Ich glaubte, ihn wirklich zu lieben, und schrieb lange Liebesbriefe an ihn, Gedichte natürlich. Ich wollte Dichterin werden, selbstverständlich berühmt. Der Wirklichkeit stand ich ein halbes Jahr lang erschreckend gleichgültig gegenüber, auch wenn sich diese Wirklichkeit in Form sehr schlechter Zeugnisse zeigte.

Inzwischen hatte ich aber auch schon definitive Berufswünsche. Erst wollte ich Medizin oder Archäologie studieren, dann aber faßte ich den Entschluß, Schauspielerin zu werden. Immer wurde ich jedoch von Zweifeln, ob ich tatsächlich begabt dafür sei, geplagt.

Wir schreiben das Jahr 1924. Die Inflation hatte sich auch in meinem Elternhaus empfindlich spürbar gemacht. Durch die allgemein zunehmende Verarmung blieben die Aufträge für meinen Vater aus. Meine Schwester war bereits keine gute Partie mehr, eine Verlobung scheiterte kläglich.

An mir gingen die elterlichen Sorgen zuerst noch ziemlich unbemerkt vorüber. Ich erträumte mir eine eigene Welt, in die ich mich aus der Schule kommend zurückzog, statt Schulaufgaben zu machen, um dann voll Schreck beim nächsten Vierer Besserung zu geloben. Ich war genügsam, war unempfindlich gegen alles, was mir im täglichen Leben widerfuhr. Ich war jederzeit bereit, auf etwas zu verzichten, auf das ich mich schon gefreut hatte. Hatten mich die glücklichen Jahre in Holland gelehrt, daß ich eigentlich ein Fremdling bin? Und habe ich das Gefühl, dieser Fremdling immer und überall geblieben zu sein, nicht bis heute?

Auch in meinem Elternhaus war etwas von dieser Fremdheit. Ich suchte immer nach meiner „Heimat“. In Holland war sie nicht, dort war sie nur scheinbar einige Jahre lang, in Köln, ja, dort verbrachte ich meine Jugend, bis ich mit 18 Jahren endgültig wegging. Es scheint, als wäre irgend etwas abgerissen an jenem Tag im August 1917. Ich fühlte mich in Middelburg zu Hause, aber ein Etwas sagte mir: „Du bist hier nicht Kind im Haus, auch wenn du glaubst, es zu sein." In Köln flüchtete ich mich in die romanischen Kirchen – hier war Schönheit, die mich fesselte. Kirchen sind wohl kein Zuhause, aber man kann still darin sein und meditieren. Ich war allein.

Schauspielerin wollte ich werden. Was schwebte mir dabei vor? Ein Ideal der Reinheit des Künstlers? Den Menschen das Licht bringen? Woher nahm ich wohl diesen Gemeinplatz? Was wußte ich davon? Das war ja Courths-Mahler in Reinkultur. Dabei ahnte ich schon mehr. Ich ahnte etwas von der Wahrheit, die es zu suchen galt. Aber das alles war nebulos, unreal. Die Wirklichkeit meines Lebens belastete mich nun so sehr, daß ich sie bereits verdrängte.

Es war Weihnachten 1925. Meine Cousine Mayk aus Holland war bei uns zu Besuch. In meinem Tagebuch verzeichnete ich: *Ein reiches Christkind.* Und kein Wort steht da von den Tränen, die ich nicht zu zeigen versuchte, als bis zum 24. Dezember das Geld für einen Weihnachtsbaum fehlte. Meine Verzweiflung, meine Angst, meine Scham der reichen Cousine gegenüber – kein Wort steht davon in meinem Tagebuch. Was dieser Weihnachtstag mir brachte, weiß ich nicht mehr, aber daß ich erst in der Dämmerung den Christbaum mit Mayk nach Hause schleppte, das ist mir unvergeßlich geblieben.

Für mich als heranwachsendes Mädchen müssen das schmerzlich belastende Jahre gewesen sein. Die Mutter hatte sich in ihre Krankheit geflüchtet, der Vater war gedemütigt und hilflos den schweren finanziellen Sorgen gegenüber, es gab unübersehbare Spannungen zwischen der Schwester und den Eltern.

Ein Schockerlebnis sei noch erzählt. Zum Schulabschluß vor Ostern 1926 bereiteten wir *Das Spiel vom armen Heinrich* vor.

Um uns zu informieren, führte uns unser Religionsprofessor in das Krankenhaus „Lindenburg". Dort stand ich einer ungeschminkten Wirklichkeit gegenüber: zwei sterbende Frauen und ein einjähriges Kind – von Lupus zerfressen. Dieses Erlebnis lehrte mich, meine Träume als das zu betrachten, was sie waren: Träume. Meine Ängste, ob ich für einen künstlerischen Beruf begabt sei oder nicht, schienen mir plötzlich unwesentlich. Der erschütternde Eindruck wirkte lange nach. Die Vision des Todes verfolgte mich. Acht Tage nach unserem Besuch erfuhren wir, daß eine der beiden Frauen gestorben war.

Es waren andere Frauen, die ich lebendig machen wollte

Im Herbst des Jahres 1926 bekam ich meinen ersten Schauspielunterricht bei Adele Schönfeld de St. George. Diese wundervolle Schauspielerin, die damals schon in Bochum bei Saladin Schmitt engagiert war, aber in Köln wohnte, gab mir von ihrem sprachlichen Können, von ihrer Atemtechnik Unverlierbares mit. Anders war es beim Rollenstudium. Sie schüchterte mich ein, ließ, was in mir war, nicht zum Klingen kommen. Die Mädchengestalten, die ich bei ihr studieren mußte, spielte sie mir vor und verschloß mich auf diese Weise ganz, sie blieben mir fern. Es waren andere Frauen, die ich lebendig machen wollte. Frauen, die im Schatten leben, die nicht behütet sind, die kämpfen müssen. Warum aber erkannte ich diese Tragik nicht beim Gretchen, beim Klärchen, bei der Luise? Ich war meiner selbst so wenig sicher, daß ich mich vollkommen dem Kommando der Lehrerin überließ.

Inzwischen war Ostern 1927 gekommen und damit der Abschied von der Schule und den Freundinnen, die auch ihre eigenen Wege gehen mußten. Ein herrliches Atemholen war mir jetzt vergönnt. Gemeinsam mit meiner Schwester verbrachte ich die

Ostertage bei Freunden in Horchheim in der Nähe von Koblenz. Es war die Zeit der Kirschblüte, alle Straßen waren gesäumt von dieser weißen Pracht. Das Haus der Freunde lag unmittelbar am Rhein, zu dem am Ende des Gartens ein paar Stufen hinunterführten. Wurde es Abend, dann erschien die Landschaft wie in ein silbernes Licht getaucht. Der Fluß, die Berge am anderen Ufer, die leichten Nebelschleier darüber, das alles schien das Weiß der blühenden Bäume widerzuspiegeln. Oder war es der Mond, der sein Licht über das Land fließen ließ? Ob das schöne Haus noch steht? Ob der Garten noch bis zum Rhein reicht? Die Zeit ist in mir gespeichert.

In Köln fing ein neues Kapitel meines Lebens an. Frau Schönfeld hatte die Verbindung zum Stadttheater hergestellt, damit ich lernte, mich auf der Bühne und in einem Ensemble zu bewegen. Sie sah wohl auch, daß es für mich wichtig wurde, mich unter anderen Schülern zu behaupten. Die Folgen des Einzelunterrichts waren zu sehr spürbar geworden. Und wirklich, die Arbeit im Theater, die nun für mich begann, war außerordentlich fruchtbar. Freilich ging ich mit Herzklopfen zur ersten Probe, wußte ich doch nicht, was auf mich wartete. Aber das Wunder geschah: Ich legte meine Hemmungen ab und konnte mich frei bewegen.

Die Schüler der Schauspielschule der Städtischen Bühne Köln waren verpflichtet, Komparserie zu machen. Selbstverständlich ohne Honorar. Die praktische Bühnenarbeit machte mir große Freude. Außerdem war zwischen den Studierenden ein Austausch möglich. Auch die anderen hatten ähnliche Probleme wie ich. Das stärkte mein Selbstvertrauen. Zuerst wurde ich in *Wallensteins Lager* eingesetzt. Ich spielte eine Lagerdirne, die von einem Soldaten umarmt wird. Vater und Mutter kamen zur Premiere. Als mein geliebter Vater die Szene sah, soll er entsetzt gerufen haben: „Meine Lisbeth wird von einem fremden Mann geküßt!“

Die Feuerprobe auf dem Theater hatte ich allerdings schon vor der *Wallenstein*-Premiere zu bestehen. *Thomas Pain* war angesetzt. Ewald Balser gastierte an diesem Abend. Es war wohl eine Gerichtsszene, in die wir – das Volk der Straße – hineinstürmten. Da stand ich nun plötzlich auf der Bühne im vollen Scheinwerferlicht, mitgezogen von den anderen, und vor mir lag der Zuschauerraum mit seiner geheimnisvollen Spannung.

Die Regisseure des Hauses schätzten mich, ich wurde oft eingesetzt. Schminken machte mir Spaß. In Zuckmayers *Schinderhannes* spielte ich ein verhungertes Kind. Ich hatte mich mit aller Akribie geschminkt: eingefallene Wangen, blaß, die Haare in Strähnen. Hier war sie, die Rolle, die ich so gerne spielen wollte, zwar ohne Text, aber in meinen Bewegungen und im Aussehen habe ich sie ausgeschöpft, wenn auch nur für einen kurzen Auftritt.

In den ersten Monaten des Jahres 1927 zog meine Familie wieder einmal um. Es ist mir nie ganz klar geworden, warum wir so oft die Wohnung wechselten. Ich schrieb schon, daß Mutter stets auf der Suche nach der verlorenen Heimat war. Aber finanzielle Gründe dürften wohl auch eine Rolle gespielt haben. Wo wir auch wohnten, das Eßzimmer hatte stets eine einfarbig dunkelblaue Tapete, von der sich die schönen alten Delfter Teller mit ihrem Blau abhoben. Auch der große Bechsteinflügel fand dort immer seinen Platz, und zwar unter dem Gemälde eines unbekannten Meisters. Es war die „Caritas Romana", erstmals von Rubens dargestellt, später oft kopiert. Vater hatte das Bild beim Abriß eines Baukomplexes im Pferdestall gefunden, verschmutzt, durchlöchert, in der Düsseldorfer Kunstakademie wurde es restauriert.

Turbulente Zeiten

Schneeglöckchensträuße

Die große Wende in meinem Leben trat im September 1927 ein. Ein junger Schauspieler kam nach Köln. Sein Engagement war überschattet, da er die versprochene Antrittsrolle nicht bekommen hatte. Finster und schlecht auf Köln zu sprechen ging er herum. Er hätte den Diogenes in dem Stück *Die große Hebammenkunst* spielen sollen, und nun war er mißmutig und übel gelaunt. Da er jung war, schloß er sich uns Jungen an. Es war Leon Epp. Ein Rebell gegen das Wesen der Stadttheater. Zu unserer Runde gehörten auch Sybille Schmitz, die bald nach Berlin ging, und der Luxemburger René Deltgen. Leon und ich kamen im November, Dezember in Kontakt. Wir probten ein Märchen und den *Urgötz*. Ich spielte den Engel Goldflügel und im *Götz* Adelheids Fräulein. Der freche, junge Wiener, der über alles in Köln schimpfte, schien aber an den Kölner Mädchen Gefallen gefunden zu haben. Er poussierte mit allen und vornehmlich mit einer reizenden kleinen rothaarigen Tänzerin. Warum zauberte er aber dennoch immer gerade für mich ein Sträußchen Schneeglöckchen aus der Tasche, wenn ich bei unserem Inspizienten Herrn Schreiner saß und – auf diesen jungen, frechen Burschen wartete?

Aus diesem ersten schüchternen Flirt wurde eine vierzig Jahre anhaltende Bindung mit allen Höhen und Tiefen, mit den Freuden und Leiden, die eine zweiunddreißigjährige Ehe mit sich bringt. Vor allen Dingen aber, und das gehörte ganz entschieden zum Verbindendsten, begann bereits in dieser frühen Zeit unsere Zusammenarbeit, die meinem Berufsleben eine ganz andere Richtung geben sollte. Das war zwar in den ersten Jahren noch nicht spürbar, aber der Keim dazu war bereits gelegt. Wir arbeiteten auf der Probebühne des Schauspielhauses gemeinsam an den Rollen. Zuerst an der Eleonore in *Ostern*, dann an der Lucile in *Dantons Tod*.

Frau Schönfeld muß wohl etwas bemerkt haben. Diese Zeit der Erkenntnis, daß es etwas im Leben gibt, das unsere Gefühle in Aufruhr versetzt, daß ein Erlebnis, auf welches man gewartet hat, so völlig anders verläuft, als es Backfischträume hatten vermuten lassen, diese Zeit war keine wirklich erfüllte. Ja, ich war verliebt, aber der Mann, der mich liebte, hatte mir gleich zu Beginn unserer Beziehung gesagt, er habe es noch nie länger als drei Monate bei einer Frau ausgehalten. Das Seltsame war, daß es mich nicht allzu sehr verletzte. Ich war überzeugt, unsere Liebe müsse anders verlaufen. Andererseits war eine warnende Stimme in mir, die davon abriet, mich sofort zu binden. Die sich nach so langen Jahren der Einsamkeit plötzlich ergebende Zweisamkeit war so anders als vermutet. Außerdem war ich mit meinen eben erreichten 18 Jahren in Sachen Liebe so unerfahren, wie es heute eine Zwölfjährige kaum mehr ist.

Leon hatte bei einem liebenswürdigen älteren Fräulein eine möblierte Wohnung, bestehend aus zwei kleinen Zimmern, gemietet. Er hatte dort seine Bücher, die er stets mit sich führte, einen alten weißen Teddybären und den Wurstel. Nicht zu vergessen die Bilder seiner Eltern und die „Liesl", die aber nichts mit mir zu tun hatte, sondern ein gehäkelter Polster war, ein Geschenk seiner Schwester. Somit wurde mir auch gleich seine Familie vorgestellt. Wien war gegenwärtig. Zu unserer Zweisamkeit hatte sich noch ein Paar gesellt: ein etwas älterer Kollege Eberhard Kreysern und meine Schwester Madelon. Zu viert machten wir viele schöne Exkursionen, und meine Mutter glaubte, mir einen Anstandswauwau mitgegeben zu haben. Madelon und Eberhard waren kein flirtendes Paar, sondern gute Freunde.

1928 trafen wir in Köln auch oft mit einem gewissen Boris zusammen. Wir hatten gerade unsere Dostojewski- und Tolstoizeit. Mit Boris sprachen wir nicht über Weltanschauungen. Wir liebten die „Russen". Was das politisch bedeuten konnte, war uns damals wohl nicht klar. Wir waren politische Analphabeten, was gewiß die Frucht unserer Erziehung war, und lebten in einem Elfenbeinturm, den wir hermetisch abschlossen. Wir erkannten damals nicht, daß *alles*, was den Menschen betrifft, seine Lebensumstände, sein Handeln politisch ist. Wir glaubten, Politik sei nur Parteiwesen und würde von Staatsmännern gemacht. Der kleine Staatsbürger könne nichts dazu beitragen. Welch verheerender Irrtum! Aber das war die bürgerliche Weltanschauung. Politisch zu denken war verpönt. Es genügte, Emotionen zu erwecken, selbständiges Denken war nicht nötig, ja, es war nicht einmal erlaubt. Zum Denken war die Partei da. Das war 1928! Wir lebten an allen Vorzeichen vorbei. Wir bauten unseren Turm nur noch höher, und auf der Suche nach Ästhetik übersahen wir die Wirklichkeit.

Inzwischen war der Sommer gekommen. Ich hatte mich schon vergeblich nach einem Engagement umgesehen. In Mainz hatte ich Direktor Klitsch vorgesprochen. Sein Urteil lautete: Mein Mund sei zu klein für eine Schauspielerin.

In Hanau hatte ich einer Direktorin vorgesprochen, der ich auch nicht gefiel, aber ich verlor nicht den Mut. Die Theaterferien begannen, Leon nahm Abschied von Köln. Er hatte einen Vertrag an das alte Theater in Leipzig in der Tasche. Trotz seiner früheren düsteren Prophezeiungen wurde aus der räumlichen Trennung kein endgültiger Abschied. Jetzt fuhr er erst einmal nach Wien, in die geliebte Stadt. Der Wienurlaub dauerte nur kurz, da schon in den ersten Augusttagen Leons Proben in Leipzig begannen. Am 15. Juli 1928 reiste Leon ab, und langsam erwachte ich aus meinem Märchendasein, das mich fünf Monate lang gegenüber meiner nächsten Umwelt hatte blind sein lassen. Ich fand mich plötzlich in einer erschreckenden Gegenwart wieder. Wie hatte ich die Sorgen meiner Eltern übersehen können?

In einem Brief vom 25. Juli 1928 schrieb ich: *In all meiner Not und Aufregung komm' ich zu Dir* ... Ich halte diesen Brief in der Hand und bin wieder in der Niedeggerstraße 21, in meinem kleinen Mansardenzimmer mit der „Weltensäule" in der Mitte und dem herrlichen Blick nach zwei Seiten, mit dem großem alten Zeichentisch meines Vaters, mit den Büchern. Eine Auseinandersetzung zwischen Mutter und Madelon hatte stattgefunden. Madelon verließ das Haus. Es wurde still. Nach einer Weile ging ich hinunter und fand meine Mutter im Badezimmer. Sie hatte den Gashahn aufgedreht und wollte ihrem Leben ein Ende setzen. Ich öffnete die Fenster, nahm sie, die verzweifelt weinte, in meine Arme, selbst zitternd, während mir die Tränen über das Gesicht liefen. Ich hörte, was sie mir zu sagen hatte. Sie, die Verschlossene, sprach, erzählte – es war, als ob sich mit dem Schritt zur Befreiung aus all dem Elend auch der Panzer ihrer Verschwiegenheit geöffnet hätte. Ich saß am Rand ihres Bettes und hörte schweigend zu. Vor mir breitete sich ihr Leben mit all seiner Traurigkeit, Enttäuschung und Einsamkeit aus. Da war auch die Angst, durch Vaters Tod, von dem sie zweimal geträumt hatte, jeder Existenzmöglichkeit beraubt zu sein, betteln zu müssen.

Sie war damals gerade 50 Jahre alt. Ich sah sie, vielleicht zum ersten Mal, als Einzelwesen, sonst war sie ein Teil des Hauses, der Familie, man hatte ihr nur ein Kollektivleben zugebilligt. Bis dahin hatte ich geglaubt, nur ich allein sei berechtigt, ein eigenes Leben zu führen. Ich sah sie plötzlich mit anderen Augen, wie sie dalag, die schönen langen Haare ohne einen grauen Faden auf dem weißen, spitzenbesetzten Batistkissen ausgebreitet. Ihre

Augen waren geschlossen. Sie hatte große, hellgraue Augen, die so strahlen konnten, wenn sie glücklich war. In diesem Augenblick war sie mir fremd, aber durch ihren Schmerz doch so nah und vertraut. Und ich begann, ihr Trost zuzusprechen. Ich sagte, sie dürfe sich nicht wegstehlen aus diesem Leben, sie dürfe das Vater nicht antun. Madelon und ich könnten ja arbeiten, sie sei nicht alleine.

Madelon war inzwischen auch nach Hause gekommen. Sie saß hilflos weinend neben uns. Ich redete und redete, versuchte Optimismus auszustrahlen, aber in meinem Inneren war ich sterbenstraurig und verzweifelt. Ich hatte jetzt erst erfahren, wie schlecht es um mein Elternhaus in Wirklichkeit stand. Ich sah, wie allein Mutter war, die keinen Menschen hatte, mit dem sie über ihre Lage hätte reden können. Mir wurde klar, daß wir alle vier, die wir noch zusammen waren, uns eingekapselt hatten und nicht über unsere Freuden und Sorgen und Wünsche miteinander sprechen konnten. Erst eine Auseinandersetzung wie diese hatte mir die Augen geöffnet.

Als ich später allein in meinem Zimmer war, hatte auch ich den Wunsch, mich hinzulegen und zu sterben. Ich hatte neben all diesen Nöten gelebt und war im Grunde ahnungslos. Aber nun wußte ich genug, um mich verpflichtet zu fühlen, sobald als möglich ein Engagement zu bekommen. Ich hatte ja schon die Erfahrung gemacht, daß das von Köln aus nicht möglich war. Berlin schien die einzige Hoffnung zu sein. Wie meine Eltern es schafften, mir die Summe für einen Berlinaufenthalt zu geben, kann ich nur ahnen: Nach und nach wurde der Schmuck meiner Mutter verkauft. Sie hatte durch holländische Freunde ein holländisches Ehepaar ermittelt, das mir im Notfall – in diesem Sündenbabel – zur Seite stehen würde. Er war Korrespondent einer großen holländischen Zeitung. Es waren bezaubernde Leute. Sie hatten in einer sehr guten Pension drei Zimmer gemietet, die sie mit ihren eigenen Möbeln ausgestattet hatten. Es schien mir damals das höchste Glück und schlechthin ein idealer Zustand, so leben zu können, frei zu sein für die Arbeit, für den Beruf, den ich mir erwählt hatte.

Über der Zeit könnte *Die verlorene Unschuld* stehen

Aber auch in Berlin blieb ich bei meiner Engagementsuche anfangs erfolglos. Für eine Anfängerin gab es kaum Vakanzen. Die Theaterdirektoren, die in die Hauptstadt kamen, führten meist kleine Stadttheater mit wenig Budget. Sie suchten Sentimentale oder Naive oder Salondamen, aber keine blutige Anfängerin. Doch bevor ich ganz mutlos wurde, kam das große Glück in Gestalt des Direktors der „Wanderbühne der Gesellschaft für Volksbildung" auf mich zu. Egon Kleyersburg engagierte mich sofort und gab mir einen Vertrag, der für eine Anfängerin nicht schlecht war: von 14. Oktober 1928 bis Palmarum 1929. Monatsgage: 150 Mark, für jeden Tag außerhalb von Berlin fünf Mark Diäten.

Überglücklich fuhr ich nach Köln zurück. Ich kam aber nicht nur mit einem Vertrag, sondern ich wußte auch schon, was ich spielen würde. Als erstes eine schöne Rolle in einem kleinen Lustspiel, als zweites die Kaja Fosli in *Baumeister Solness*, dann die Franziska in *Minna von Barnhelm* und als vierte Rolle die Desdemona. Daß ich während des Berliner Aufenthaltes ein Weekend in Leipzig verbracht hatte, durfte meine Mutter freilich nicht erfahren.

Da sitze ich nun und lese alte Briefe aus jener fernen Zeit, seitenlange Briefe an Leon. Alles, was tagsüber geschah, brachte ich abends zu Papier. Und wie rasch die Post funktionierte: Briefe abends in den Kasten geworfen, waren zum Frühstück schon am Bett meines Liebsten. Diese Briefe sind durchzogen von Angst, Unsicherheit, Selbstkritik. Es war die Atmosphäre meines Elternhauses, eben jene Angst, jene Unsicherheit, das Schweigen. Bei Leon glaubte ich, Geborgenheit zu finden, und übersah, daß er in Gärung war, voller Aggressionen gegen bestehende Theaterstrukturen, ohne selbst einen Ausweg zu sehen, weder für sich noch für das Theater. So kam es, daß ich Hilfe bei ihm suchte, aber ebenso Hilfe geben mußte. Und ohne es zu ahnen, lieferte ich mich ihm ganz aus.

Über der Zeit, die nun für mich begann, könnte „Die verlorene Unschuld“ stehen. Ich meine jene Unschuld der Seele, die man verliert, wenn man nicht mehr auf sein Inneres hört, wenn das Wort der Welt zu laut und übermächtig wird, wenn man anfängt zu glauben, daß man diese Welt kennenlernen muß, und das Eigene verstummt. So war es, als ich nur noch auf den Mann hörte, den ich liebte, und den Glauben an eigene Visionen verlor. Und dann all die anderen klugen und ach-so-erfahrenen Menschen, die mich so naiv fanden. Aber in der Vorstellung Leons und aller anderen, so verschieden sie auch sein mochten, gab es stets nur dieses „Gut“ und „Böse“, und immer hieß es: Das tut man, und das tut man nicht. Es gab nur eine Meinung über die gleiche Konvention und darüber ließ sich nicht streiten.

Dies alles war mir natürlich nicht bewußt, als ich mich am 18. Oktober 1928 auf die Reise machte. Das Ziel war Uelzen in der Lüneburger Heide. Von Heideromantik hatte ich geträumt, aber der Zug fuhr durch eine graugrüne Ebene, die Heideblüte war schon vorüber. In Hannover hatte ich zwei Stunden Aufenthalt. Als ich am späten Nachmittag ankam und die Truppe gefunden hatte, mußte ich gleich auf die Probe. Das Ensemble kannte sich schon länger, hatte bereits ein Stück herausgebracht und stand nun mitten in den Proben zu *Kreuzfeuer* und *Baumeister Solness*. Ich nahm all meinen Mut zusammen und stürzte mich in die Arbeit. Das Ensemble kam mir sehr herzlich entgegen. Der Direktor war zugleich Regisseur und Hauptdarsteller. Zum Ensemble gehörten weiters das Ehepaar Heinze, der junge, dunkle Erich Haussmann, Herr Haak, die beiden Damen Rossow und Rupprecht und – nicht zu vergessen – Herr Gaul, eine köstliche Persönlichkeit mit seinem Berliner Mundwerk, seinen rötlichen Stoppelhaaren, seinen ewigen Zahnschmerzen, die er – einen Zahnarzt vermeidend – selbst heilte, indem er den hohlen Zahn mit Sägemehl füllte. Er organisierte die Reisen, mit dem täglichen Auf- und Abbau der Bühnen. Er war zugleich Bühnenmeister, Beleuchter, Bühnenarbeiter, Transportleiter, kurz: Ohne Gaul wären wir verloren gewesen. Die Reisen waren abenteuerlich, da sie kreuz und quer durch Deutschland führten. Ich liste den Reiseplan vom 10. bis 30. November 1928 auf: Am 10. November waren wir in Wittstock, am 11. in Kyritz, am 12. in Wittenberg, am 13. in Tangerhütte, am 14. in Tangermünde, am 15. in Osterburg, am 16. in Lüchow, am 17. in Pritzwalk, am 19. in Havelberg, am 22. in Jüterborg, am 23. in Luckenwalde, am 26. in Schwedt, am 27. in Lippehne, am 28. in Neuwedell, am 29. in Kallies und am 30. in Dramburg.

Die Premiere von *Kreuzfeuer* war für den 1. November 1928 angesetzt, *Baumeister Solness* für den 5. November. Die Arbeit fiel mir nicht leicht, denn ich litt unter meiner mangelhaften Technik. Außerdem waren die Probenverhältnisse sehr mühsam.

Der 1. November, also der Tag, an dem *Kreuzfeuer* Premiere hatte, fing mit einer Abreise um fünf Uhr früh an, um zwölf Uhr mittags erreichten wir den Spielort. Nachdem die Bühne fertig aufgebaut war, fand die Generalprobe statt. Am selben Abend hatte das Stück seine Premiere. Soweit ich mich erinnere, machte mir die Walli in *Kreuzfeuer* wenig Probleme, von den technischen einmal abgesehen. Es war eine naive, halb muntere, halb sentimentale Rolle. Ich mußte jung und ein bißchen dumm, vor allem aber hübsch anzusehen sein. Nun, das schaffte ich. Vor allem, weil meine Mutter mir drei adrette Kleider hatte machen lassen. Bühnengarderobe für moderne Stücke mußte man ja selbst stellen.

Ganz anders erging es mir mit der Kaja Fosli, einer Rolle, die ich sehr liebte. Es war mir, als bliebe ich auf der Oberfläche, die durch eine dünne Glasplatte vom wahren Gefühl getrennt ist. Alles, was ich zum Ausdruck bringen konnte, erschien mir kalt und gekünstelt. Die Premiere erlebte ich nur unter Tränen. Obwohl danach der Regisseur und der Direktor, der den Solness spielte, zu mir kamen, um mir zu versichern, daß ich wirklich gut gewesen sei, war das kein Trost für mich. Ich wußte, daß etwas nicht stimmte. Meine Hoffnung, daß nach Beendigung der Proben und nach den Premieren das Wanderbühnenleben sehr lustig sein würde, erfüllte sich nur zum Teil. Es gab zwar auch Aufführungen an näher gelegenen Spielorten, aber in der Mehrzahl waren die Entfernungen so groß, daß man morgens um fünf oder sechs Uhr aufstehen mußte, um rechtzeitig zu Vorstellungsbeginn anzukommen.

So ging die Reise etwa von der Niederlausitz nach Pommern, führte stets über Berlin, wo man zwei bis drei Stunden Aufenthalt hatte, bei „Aschinger" die berühmte Erbsensuppe aß, den Bahnhof wechselte und schließlich am späten Nachmittag am Spielort eintraf. Dort fand abends die Vorstellung statt, danach fiel man ins Bett, um am nächsten Morgen wieder früh zu starten, weil man beispielsweise von Pommern nach Uelzen reisen mußte. Mein kleiner Koffer wurde mir nach und nach zum Trauma. Er bestand aus braunem Leder mit schöner Innenausstattung und enthielt alles Notwendige. Er begleitete mich auf allen Reisen durch dieses erste Engagement. Ich trug ihn früh um sechs oder sieben Uhr zum Zug, trug ihn beim Umsteigen, trug ihn am späten Nachmittag, wenn wir in der kleinen Ortschaft, in der wir spielten, ankamen, ins Hotel und am nächsten Morgen wieder zum Bahnhof. So ging es tagein und tagaus. Die Strapazen nahm ich gerne auf mich. Heute denke ich mit Rührung an dieses ausgefüllte Leben zurück. Ich war ganze 18 Jahre alt, hatte mein erstes Engagement, durfte in einem sehr lieben Ensemble schöne Rollen spielen, der Direktor war bemüht, gutes Theater zu machen, und wir hatten bis in den Dezember hinein einen wunderbaren Herbst. Wie aus dem Reiseplan ersichtlich ist, führten uns die Vorstellungen in einem großen Kreis um Berlin herum. Wie habe ich diese Fahrten trotz aller Strapazen genossen! Die Mark, das Havelland.

War der Herbst lang und schön, so folgte ein erbarmungsloser Winter. Es war der strenge Winter 1928/29. Die Hotels, in denen wir wohnten, waren oft wochenlang nicht belegt. Wer kam schon in diese kleinen Nester? Trafen wir dann oft wegen Schneewehen verspätet am Nachmittag ein, wurde der alte, immer schöne Kachelofen erst eingeheizt. Kamen wir nach der Vorstellung ins Zimmer, war es noch eiskalt. Erst am Morgen war der Raum erwärmt, aber da mußten wir ja schon wieder weg. Im Theater war es nicht besser. So kam der Glühwein bei uns zu Ehren.

Wir reisten im Schnellzug 3. Klasse, im Personenzug 2. Klasse. Hatte ich einen oder zwei Tage frei, fuhr ich zu Leon nach Leipzig. Dort konnte ich mich aufwärmen und mich ein wenig von den Wanderbühnenstrapazen erholen. Ich reiste aus Sparsamkeit mit einem Bummelzug in der 4. Klasse, also in einem Waggon, der schlechter als die 3. Klasse und ein wenig besser als der Viehwaggon war. Ich fuhr meist in der Nacht, weil ich am Tag ja noch Proben hatte. Die Reise von Berlin nach Leipzig dauerte etwas mehr als sechs Stunden. Der Vierteklassewaggon war meistens leer, kein Schaffner war weit und breit zu sehen. Einmal stieg ein junger Mann ein, setzte sich mir gegenüber und fing ein Gespräch über Waffen an, das darin gipfelte, daß er aus allen Taschen Revolver jeder Marke zog und scherzhafterweise auf mich zielte. Ich fürchtete mich entsetzlich, kein Mensch war in der Nähe. Der seltsame Bursche stieg dann kurz vor Leipzig aus, und ich fiel ein wenig später meinem wartenden Leon erlöst um den Hals.

Leon hatte in Leipzig in der Eberhardstraße ein schönes, großes Zimmer gemietet. Dort saßen wir abends lesend beim Summen des Samowars, oder ich besuchte die Vorstellungen, in denen Leon spielte. Danach traf man sich mit Freunden, zum Beispiel im „Kaffeeboom“. *August der Starke, soll mer's gloom, der kehrte ein im Kaffeeboom*, so stand es dort über der Tür. Oder man saß in der „Feuerkugel“. Ich befand mich sehr gern in der Gesellschaft von Leons Freunden. Dazu zählten vor allem der wunderbare Schauspieler Dietrich von Oppen und seine liebenswürdige Frau, die Altistin Lotte Dörwald. Ich war aber sehr gehemmt und hatte vor diesen beiden großen Könnern ungeheuren Respekt. Lotte Dörwald war sehr lebhaft und impulsiv. So passierte ihr einmal folgende Geschichte: Bei einer Radioübertragung des *Troubadour* sang sie die Zigeunerin. Als der Vorhang fiel, lag sie dicht bei der Rampe in unmittelbarer Nähe des Mikrophons, und ohne nachzudenken sagte sie während der letzten Takte leise in dieses hinein: „Gerti, stell' die Schnitzel hin, ich bin fertig.“ Das ging durch ganz Sachsen. Sie durfte ein Jahr lang in keiner Oper singen, wenn gerade eine Übertragung stattfand. Nach dieser Leipziger Zeit habe ich beide nicht mehr wiedergesehen.

Inzwischen war ich in Berlin schon heimisch geworden. Ich hatte Mitte Dezember durch Vermittlung von Wally Rossow im Haus Wiesbadenerstraße 85 ein hübsches Zimmer gefunden.

Wally Rossow war in England geboren worden, sie lebte mit ihrer kleinen Tochter in einer schönen, gemütlichen Atelierwohnung im Nebenhaus. Eine nette junge Frau versorgte ihren Haushalt und die kleine Tochter Evchen. Wieviel habe ich Wally zu verdanken. In ihrer Wohnung war immer der Tisch für mich gedeckt, immer fand ich Zuflucht bei ihr, wenn mich etwas bedrückte. Sie strahlte so viel Wärme aus. Wie alt sie war, weiß ich nicht, aber wenn ich sie so vor mir sehe, dürfte sie etwa 30 bis 32 Jahre alt gewesen sein. Als Hitler kam, ging sie nach England zurück. Ich weiß nicht, ob das aus „rassischen" Gründen geschah. Die Frage nach Rasse und Religion war uns völlig unbekannt, das sollte sich erst in Wien ändern.

Am 29. März 1929 schrieb ich Leon aus Arnswalde: *Es scheint eine so milde Frühlingssonne und die Farben auf den Feldern sind so satt und dunkel! [...] Lach' nicht über mich, aber es ist so viel Schönheit um mich, die ich nicht alleine tragen kann. [...] Wir wollen es uns recht nett machen, die Stadt ist sehr lieb, das Hotel freundlich und heute abend gehen wir ins Kino.* Dieser Tag hob sich von so manchen anderen ab, denn immer waren die Tage nicht so geruhsam.

Eine aufreibende und deprimierende *Othello*-Probenzeit lag hinter mir. Wobei Probenzeit stark übertrieben ist. Ich hatte alles in allem fünf Proben und einige Einzelproben mit einem Regisseur, der mir jedes Wort vorsprechen wollte und mich danach aufforderte, alles endlos zu wiederholen. Kleyersburg, der den Othello spielte, kam selten zur Probe, und wenn, dann wurde der Text nur durchgesprochen. Ich hatte zwar gleich einen guten Kontakt zu ihm, aber ich konnte nichts entwickeln. Die Emilia, dargestellt von einer neuengagierten Dame, kam nur einmal vor der letzten Probe. Eine wesentliche Männerrolle war bis zuletzt nicht besetzt. Und da stand ich Anfängerin allein und verlassen mit dieser herrlichen, aber schweren Rolle, tatsächlich dem Untergang ausgeliefert. Die Premiere fand nach einem schweren Tag mit Anreise von Berlin nach Torgelow, verzögertem Bühnenaufbau, einer Generalprobe, die keinen Ablauf hatte und bei der die Schlußszene nicht probiert wurde, statt. Nach dieser Premiere fand keiner ein Wort für eine Anfängerin, die sicher nicht gut gewesen sein kann, die aber mit eiserner Konzentration ihre Rolle gespielt hatte und die den Standpunkt der anderen nicht verstehen konnte, die da sagten: für Torgelow gut genug. Diese sechste Rolle war auch die letzte Rolle, die ich während meines ersten Engagements spielte.

Die Arbeit an der Franziska in *Minna von Barnhelm* war mir schon deshalb leichter gefallen, weil ich sie bereits in Köln mit meiner Lehrerin erarbeitet hatte. Außerdem hatten wir bei diesem Stück einen sehr guten Regisseur: Ernst Raden vom Renaissancetheater. Und wir waren während der ganzen Probenzeit in Berlin, das heißt vom 16. Dezember 1928 bis zur Premiere am 5. Januar 1929 in Torgelow. Die Franziska, von der ich über mich selbst sagte, ich sähe aus wie der Rosenkavalier, wenn er Mädchenkleider trägt, brachte mir einen ersten Erfolg, den ich auch gerne und ohne Skrupel zur Kenntnis nahm. Danach folgte Sudermanns *Das Glück im Winkel*, worin ich das Blinde Lenchen spielte, und eine kleine Rolle in dem Lustspiel *Familie Hannemann*.

So war also die leidvolle Probenzeit zu *Othello* der letzte wirkliche Wermutstropfen in meinem ersten Engagement. Das Zusammenleben mit dem Ensemble war ausgezeichnet. An die Mühsal der Reisen hatte ich mich gewöhnt, finanziell gab es allerdings manchmal Schwierigkeiten. So sollte ich zum Beispiel einmal wegen einer Kleinigkeit zum Arzt, aber ich hatte kein Geld für die Fahrt, das heißt ich hatte nur die Wahl zwischen einem Fahrschein und der Butter für mein Brot. Ich entschied mich für die Butter. Aber wirklicher Kummer war das nicht für mich.

Der 31. März 1929 war der Palmsonntag, also Palmarum und damit das Ende des Engagements. Doch am Abend kam ein Schreiben der Direktion mit der Anfrage um Verlängerung der Saison. Das ganze Ensemble unterschrieb. Wir spielten somit über Palmarum hinaus. Am 22. April war die letzte Vorstellung, am 18. April hatten wir bei Wein und Zigaretten in der Garderobe die 150. Vorstellung der Saison gefeiert.

Gleich nach Engagementsende suchte ich um Arbeitslosenunterstützung an. Es war ein mühseliger Weg. Mittwoch und Samstag morgens respektive abends mußte ich, wie es damals hieß, stempeln gehen. Nach fünf Tagen erhielt ich das erste Geld. Ich beschloß, noch bis Anfang Mai in Berlin zu bleiben, um Agenten aufzusuchen. Nach Beendigung des Engagements fuhr ich zuerst nach Leipzig und dann nach Köln zu meinen inzwischen sehr vereinsamten Eltern. Ein wichtiges Kapitel meines Theaterlebens war zu Ende.

Zu Hause bei meinen Eltern hatte sich wenig verändert. Das Leben für Vater und Mutter war noch schwerer geworden, beide hatten sehr unter ihren Sorgen zu leiden. Aber wir drei waren glücklich, wieder zusammen zu sein.

Madelon hielt sich in Holland auf. Unser Verhältnis zueinander hatte sich erst gebessert, seit sie 28 und ich 18 war und wir außerdem weit voneinander entfernt lebten. Aber bis dahin war viel Bitterkeit in ihr. Sie fühlte sich um ihr Leben betrogen. Denn sie hatte auf ihr Musikstudium verzichtet und auch keinen anderen Beruf ergriffen. Sie war nur ein Mädchen aus gutem Haus, aber arm. Da sie schon über Mitte Zwanzig war, wuchs ihr Groll gegen ihr Schicksal, gegen die Eltern, denen sie große Vorwürfe machte. 1928 ging sie also nach Holland, dort heiratete sie einen niederländisch-reformierten Pastor. Barend war Witwer und hatte aus zwei früheren Ehen sechs Kinder. Er war ein liebenswerter Mann, klug, sensibel und sehr humorvoll. Der älteste Sohn war damals etwa siebzehn, der jüngste drei Jahre alt. Madelon übernahm diese große Aufgabe mit Ernst, sie machte es sich nicht leicht. Sie trat zum Protestantismus über und stand ihrem Mann tapfer zur Seite. Zwei Kindern schenkte sie das Leben, beide starben kurz nach der Geburt. Daran ist sie fast zugrunde gegangen. Kurz vor Ende des Krieges ging die schöne alte Pastorie, von einer Brandbombe getroffen, in Flammen auf. Mit bloßen Händen versuchte Madelon, aus der Asche noch das eine oder andere zu retten, auch diesen schweren Schlag mußte sie überwinden. Barend half ihr, sich wiederzufinden. Als ich sie nach dem Krieg wiedersah, in der hübschen Pastorie von Heemskerk, fand ich sie gefestigt, reif und klar.

Als ihr Mann emeritierte, zogen sie nach Arnheim. Dort starb Barend 1958. Ihr waren noch einige gute Jahre vergönnt. Sie kam mehrmals nach Wien. 1964 flog sie zu ihrem jüngsten Sohn nach Kanada. Es war ein großes Erlebnis für sie, das sie sehr genossen hat. Anschließend war sie noch bei uns in Wien. Im Januar 1965 mußte sie sich einer Rückgratbehandlung unterziehen. Daraus wurden zwei Jahre Krankenhaus, in einem Gipsbett liegend. Sie hat diese schwere Zeit heldenhaft getragen, es muß ein Martyrium gewesen sein. Im Februar 1967 wurde das Gipsgefängnis gelockert, langsam und sehr vorsichtig wurde sie rehabilitiert. Im März war ich wieder bei ihr – wir machten Pläne, ich wollte sie mit zu mir nach Wien nehmen, alles schien so gut. Doch im April 1967 erlag sie in der Nacht einem Herzinfarkt.

Die ersten Tage in Köln vergingen mit so notwendigen Dingen wie dem Überschreiben meiner Arbeitslosenunterstützung, dem

Aufsuchen des in Köln lebenden Agenten, dem Verfassen von Bewerbungsschreiben an andere Agenturen. Inzwischen kamen auch sehnlichst erwartete Briefe von Leon. Allerdings waren es oft sehr depressive Briefe. Ich machte mir große Sorgen. Leon fühlte sich in Leipzig nicht wohl, er bekam nicht in der ihm gemäßen Form zu spielen, und er zögerte, seinen Vertrag zu verlängern. Die Gespräche mit dem Direktor des Intimen Theaters in Nürnberg, wo er vor Köln ein sehr erfolgreiches Jahr verbracht hatte, führten fast zur Katastrophe. Der Brief, der diese Reise beschreibt, ist in einer ungeheuren Erregung geschrieben, er enthält Selbstmordgedanken. Der kaufmännische Direktor schien Leon ziemlich herablassend behandelt zu haben, unterbot die Gage, die ihm bereits angeboten worden war und war sichtlich nicht gewillt, ihn zu engagieren. Auch ein Gespräch mit dem Direktor, das noch am nächsten Tag folgte, konnte nichts mehr retten. Verzweifelt fuhr Leon nach Leipzig zurück. Es war nicht das gescheiterte Engagement, das ihn in diese schwere Depression stürzte, sondern die Art und Weise, wie Theaterdirektoren mit Menschen umgingen. Tatsächlich war die Zeit nicht günstig für junge, noch nicht etablierte Schauspieler. Da die Theater, sofern sie nicht Stadt- oder Staatstheater waren, mit wenig Geld auskommen mußten, wurde das Ensemble so klein wie möglich gehalten. Der Etat eines Privattheaters durfte nicht höher sein als ein Drittel des Erlöses einer ausverkauften Vorstellung. Daher wurden die Gagen auch sehr niedrig gehalten, und als junger, noch nicht ausgereifter Schauspieler bekam man Angebote, die kaum annehmbar waren. Außerdem kam erschwerend die große Zahl an Engagementsuchenden dazu. So passierte es nicht selten, daß man vom Direktor, mit dem man eine Tagesgage ausgemacht hatte, nach zehn Aufführungen vor die Wahl gestellt wurde, pro Abend entweder um zwei Mark weniger zu spielen oder umbesetzt zu werden, was natürlich bedeutete, alles zu verlieren. Außerdem hatte man nicht mehr die Möglichkeit, in einer guten Rolle gesehen werden zu können. Die Direktoren hatten auf diese Weise den Schauspieler in der Hand und nutzten das auch oft schamlos aus.

Genau dieses Schachern mit Geld, dieses Zurschautragen von Überlegenheit, das Ausspielen des Vorteils war es, was Leon so verletzte. Er reagierte mit außerordentlicher Sensibilität auf diese Form des Umgangs, die ihn aggressiv machte, was in seiner Situation wiederum nur in ein hilfloses Umsichschlagen münden konnte. Er fühlte den inneren Zusammenhang zwischen dieser Art, mit Schauspielern zu verfahren, und der Unfähigkeit, ein wirklich gutes, harmonisches Ensemble aufzubauen. Immer stärker reifte in ihm der Wunsch, ein eigenes Theater zu haben.

Nach Leipzig zurückgekehrt, zögerte er, den Vertrag zu unterschreiben, der ihn ein weiteres Jahr an die Stadt binden sollte. Leon hatte die Absicht, sich nach Berlin zu begeben, um dort als freier Schauspieler zu leben. Eine Idee, die ich ihm in seitenlangen Briefen versuchte auszureden, da ich ahnte, daß ein solches Dasein ihn zermürben würde.

Noch war ich in Köln. Es war nicht möglich, von Köln aus ein Engagement zu finden, und ich wußte, daß ich wieder nach Berlin fahren mußte. Aber dazu war es noch zu früh. Ende Juli 1929 packte ich wieder meine Koffer. Was mir für Leon untragbar schien, sei für mich, so glaubte ich, der einzige Ausweg, nämlich ein Leben in Berlin ohne feste Bindung. An eine erfolgreiche Engagementsuche glaubte ich kaum mehr. Ich hatte eine Kollegin von der Schauspielschule wiedergetroffen, die in der gleichen Lage war wie ich. Wir beschlossen, gemeinsam unser Glück zu versuchen. Mira und ich fanden ein nettes Zimmer und richteten uns darauf ein, länger dort bleiben zu müssen. Die Wohnung lag zwischen Savignyplatz und Kurfürstendamm. Abends konnten wir sehen, wie die Lichter auf dem Ku'damm aufflammten, und der Lärm der Autos drang bis zu uns. Blumen standen auf dem Schreibtisch, unsere Bücher hatten wir dort geordnet, wir führten einen richtigen Haushalt. Die Wohnung hatte wie all die alten schönen Wohnungen in Berlin jeden Komfort, und wir fühlten uns sehr wohl. Der Zimmerpreis war zwar recht hoch, aber wir teilten ihn ja. Mit Freude stellte ich fest, daß ich mich in Berlin sehr gut auskannte, und wir bummelten vergnügt über Tauentzien und Ku'damm, tranken unseren Kaffee im „Mokka Türk" oder sonstwo. Der Besuch bei den Agenten war natürlich trotzdem das Wichtigste, aber leider wenig erfolgreich. Als wir beim Stempeln einen Kollegen von Mira trafen, der sich fortan um uns kümmerte, war das Ausgehen angenehmer, man fühlte sich beschützt. So fuhren wir auch gemeinsam zum Baden an den Wannsee und nach Potsdam. Im Grunde machte mir das Ausgehen keinen Spaß, es war teuer, und ich hatte wenig Geld, aber ich war den Winter über während meines Engagements kaum unter die Leute gekommen.

Die Engagementsuche war schwer. Ich hatte nur wenige Angebote bekommen, die sich aber immer wieder zerschlugen. Ich war mir klar darüber, daß ich noch sehr anfängerhaft war. So schrieb ich an meine Lehrerin nach Köln: *Wenn ich Intendant wäre und mir spräche Lies Eschbaum vor, dann würde ich sagen: Liebes Fräulein, ganz nett, aber es steht keine Persönlichkeit da. Sie haben einen zarten Ton, der unmelodiös ist, weil er nicht Ihr primärer Ton ist. Sie sind nicht naiv. Ihr Ton wird nie fähig sein, einen Menschen zu überzeugen. Was ich jetzt biete, ist bitterste Theaterschule, und damit darf ich nicht hinaus.* Aber es war niemand da, der mir aus dieser Mausefalle herausgeholfen hätte, und diese, meine eigene Meinung über mich übertrug sich auf die anderen, deren Urteil ich mit diesen Gedanken wahrscheinlich beeinflußte.

Woher kam meine Unsicherheit, die kein Selbstvertrauen zuließ? Warum gab es diese von keiner Seite geschürten, aber auch nie widersprochenen Zweifel, die Selbstverständlichkeit, mit der ich alle Enttäuschungen, alle Widrigkeiten hinnahm? Meine Energien erschöpften sich, da ich Leon all meine Kräfte zukommen ließ. Aber wer gab mir Kraft und Selbstvertrauen? War keiner da, der den – ich möchte fast sagen – Zauberkreis, der sich da zwischen Berlin und Leipzig gebildet hatte, zu durchbrechen half? Ich versank immer wieder in Depressionen. Doch versuchte ich, diese schwarzen Gedanken wegzuwischen. Die schönsten Antworten gab mir stets das Erlebnis Natur. Diese Freude ist mir geblieben, ich halte Zwiesprache mit der Natur und bin ein Teil des Ganzen. Tod ist für mich heute nicht die Befreiung von Schmerzen – er ist Wandlung und notwendig.

Schließlich aber zeigte sich doch ein erster Lichtschimmer. Das Theater in der Klosterstraße suchte für eine kleine Rolle eine Darstellerin. Ich sah mir damals eine Aufführung in diesem Theater an. Es muß furchtbar gewesen sein, denn ich schreibe nach Leipzig, daß ich den Gedanken nicht ertragen könnte, ihn, Leon, dort in einer solchen Schmiere zu sehen. Nach Leipzig sei das unmöglich, aber für eine Anfängerin wie mich könne es ein Start sein. Nach einer Probe streifte ich durch die Umgebung des Theaters und entdeckte ein Stück ältestes Berlin. Die alten Häuser waren sehr verkommen, und man hatte ihnen, wo man nur konnte, ihre Eigentümlichkeit genommen. Aber ganz vereinzelt gab es noch welche mit Spiegelfenstern, zurückgeschobenem Dach und Kästen mit roten Geranien und blauen Glockenblumen. Am schönsten war eine kleine Barockkirche mit einem kleinen Friedhof.

Endlich schien sich am Horizont etwas Gutes abzuzeichnen. Nicht sehr gut, aber am 27. August 1929 bekam ich für eine kleine, nette Rolle einen Vertrag. Im September sollte die Premiere von *Potasch und Perlmutter* in der Klosterstraße sein. Pro Abend sollte ich drei Mark verdienen, die Proben waren nicht bezahlt. So schlecht die Bedingungen waren, es war ein Anfang. Ich kann nicht sagen, daß ich selig war, aber ich konnte schlecht und recht auf eigenen Füßen stehen.

Doch alles kam ganz anders. Am 31. August 1929 verließ ich Berlin mit einem Vertrag für Wien in der Tasche. Wie das kam? Am 28. August hatte ich Post von Leon erhalten. Er bat mich, ihm am 29. August bei einem Vorsprechen im Hotel Eden als Stichwortgeberin zu assistieren. Dr. Otto Ludwig Preminger und Jakob Feldhammer wollten ein Ensemble für ein neues Theater in Wien zusammenstellen. Es handelte sich dabei um das Neue Wiener Schauspielhaus, 1898 als Kaiserjubiläums-Stadttheater gegründet, heute ist in diesem Haus die Volksoper untergebracht.

Zu diesem Vorsprechen hatten sich viele Kollegen zusammengefunden wie Melanie Horeschofsky, Walter Varndal, Else Rambausek und viele, viele andere. Ich brachte Leon also die Stichworte für den Schüler im *Faust*, für den Marchbanks in *Candida* und für noch ein Stück. Preminger fragte mich: „Können Sie auch etwas vorsprechen, Fräulein?“ Nun, ich brachte das Gretchen, die Viola, die Lucile aus *Dantons Tod*. Und wir wurden beide engagiert. War es ein Glück? Für mich auf jeden Fall, denn ein Zweijahresvertrag für Wien war viel besser als die kleine Rolle in der Klosterstraße. Aber wie war es für Leon? Er hatte inzwischen in Leipzig schon verlängert und gab ein gutes Engagement auf. Sein Agent Wahle hatte für ihn bereits die Fäden zu Ziegel nach Hamburg geknüpft und war verärgert, er hat später nie mehr einen Finger für Leon gerührt. Und was wußten wir, auf wie festen oder schwankenden Füßen diese Neugründung stand? Leon aber sah sich am Ziel all seiner Hoffnungen. Wien, das bedeutete für ihn Heimat, sein Elternhaus, die besten Theater und überhaupt die schönste Stadt der Welt. Sah man aber von diesen euphorischen Empfindungen ab, dann waren die Verträge schlecht und die Lage des Theaters nicht wirklich gefestigt. Aber das konnten wir nicht wissen, wir hätten es auch nicht wissen wollen. So kam ich also glücklich und von vielen beneidet nach Köln zurück, um vier Wochen später nach Wien zu fahren.

Am 29. September 1929 reiste ich von Köln ab, am 30. September kam ich um 6 Uhr 40 am Wiener Westbahnhof an und gelangte in eine völlig andere Welt, eine andere Kultur, in eine Fremdheit, die ich mir erst langsam zur Heimat machen mußte.

Meine Eltern, die mir ersparen wollten, mehr als 22 Stunden durch die Nacht in der dritten Klasse zu fahren, schenkten mir ein Billet für den FD-Zug, der etwa zwei Stunden rascher war, aber nur Waggons erster und zweiter Klasse führte. Ich fühlte mich also schon ein wenig arriviert. Wie oft bin ich seitdem diese Strecke gefahren, wie liebte ich sie.

Wien, die so ersehnte Stadt, war mir bei dieser ersten Reise noch kein Begriff, sie war nur ein Zauberwort. Diese Stadt, der ich dann immer wieder zu entfliehen suchte – vielleicht, weil sie mir wie ein unüberwindlicher Berg erschien auf dem Weg zu Leons Herzen. Denn nichts war ihm wichtiger als diese Stadt, lebten in ihr doch die Menschen, die er am meisten liebte: seine Eltern und seine Schwester. Bereits in der ersten Zeit unserer Liebe dominierte Wien, dominierte die kleine Zelle, deren untrennbarer Teil er war. Und ich fühlte instinktiv, hier ist die Grenze, die ich nie durchbrechen können werde, aber auch ich wurde durch Leon ganz fest an diese Stadt gebunden.

So nahmen wir am Morgen dieses letzten Septembertages nach liebevoller Begrüßung durch den mich erwartenden Leon erst einmal ein Frühstück im Café „Westbahnhof“ ein. Auf dem Weg in die für mich gemietete Wohnung kam die erste Enttäuschung. Wie anders zeigte sich Wien, diese mir in so hinreißenden Farben geschilderte Stadt! Ich hatte sie mir mit Straßen wie Unter den Linden oder Tauentzien oder Kurfürstendamm und Plätzen wie Pariser oder Potsdamer Platz vorgestellt. Und nun die Mariahilfer Straße! Mein möbliertes Zimmer bestand aus einem Kabinett, wie man das nannte, ohne Bad. Wie anders hatte ich in Berlin gewohnt. Trost wurde mir freilich am Nachmittag zuteil, als Leon mich nach Schönbrunn führte. Das Schloß zeigte sich mir in dem herbstlich getönten Park in seiner ganzen Schönheit. Ich konnte nach der ersten Enttäuschung aufatmen. Es war wohl so, daß ich erst die so andere Mentalität dieser Stadt, den so anderen Lebensstil ergründen mußte, das andere eben, von dem ich noch gar nichts verstand. Nun lebe ich, von einer zwei Jahre langen Unterbrechung abgesehen, schon 70 Jahre in dieser Stadt. Bin ich Wienerin geworden? Ich bin Österreicherin, habe den Wiener Heimatschein, aber was heißt es denn eigentlich, Wienerin zu sein? War ich je Kölnerin oder Holländerin oder gar Berlinerin? Keines von allem war ich. Ich bin ein Teil vom Ganzen. Und meine humane Aufgabe lag in Wien, nicht irgendwo, sondern hier. Meine Aufgabe war es, mit meinem Mann hier Theater zu machen, am geistigen Aufbau eines Theaters mitzuwirken, auch wenn das ursprünglich gar nicht mein Lebensziel war.

Ich frage mich, inwieweit der Entschluß, mich von allem zu lösen, was für mich damals in Deutschland sicher schien, richtig war. Es war ein Weg durch ein Fegefeuer. Es wurden fünf Jahre Gefängnis. Ich liebte Leon, darum war ich bei ihm – im Gefängnis

Armut, im Gefängnis Kleinbürgerlichkeit, im Gefängnis Wartesaal. Immer wenn ich im Sommer Mohnblumen sehe, erinnern sie mich an die Hoffnung, die damals in mir war: die Hoffnung, daß der Herbst die heißersehnte Arbeit bringen würde. Die ersten Wiener Jahre wurden zu einem Trauma. Heute weiß ich: Es war das Labyrinth, und der Ariadnefaden war in unserer Hand, nur hatte ich den Glauben daran verloren. Solange ich lebe, werde ich mich immer wieder in einem Labyrinth befinden, und ich muß sorgsam sein, daß ich den Ariadnefaden nicht verliere in meinem Zurückdenken.

Es kam alles ganz anders

Am 5. November 1929 fand die erste Premiere im Neuen Wiener Schauspielhaus statt: *König Nikolo* von Frank Wedekind. Die Stückwahl war Programm. In einem Interview hatte Preminger sein Ziel erklärt. Die Wahl der ersten drei Stücke sollte es verdeutlichen. Wir begannen mit modernem Theater, dafür stand Wedekind, weiters sollte das gepflegte Lustspiel Platz finden, wir brachten als zweite Premiere *Die Sachertorte* heraus. Den Abschluß bildete der große Klassiker, wir spielten die *Räuber*. Alle drei Aufführungen kamen innerhalb von zwölf Tagen heraus.

Außer diesen Stücken wurden nur noch *Das rote Tuch* und *Schuh und Leder* genannt. Weitere Pläne gaben die beiden Direktoren Feldhammer und Preminger nicht bekannt.

Das Haus war nach zweijähriger Sperre mit erheblichen Geldmitteln renoviert worden. Die ersten beiden Premieren wurden große Erfolge. Man nahm sie als vielversprechend auf. In *König Nikolo* hatte Preminger ein Bild eingefügt, das mit Recht als besonders schöne Regieidee bewertet wurde: die Elendskirchweih.

Die Presse schreibt darüber: *In dem eingelegten Wedekindschen Bänkel vom räudigen Hund klingen aus dem Munde des blinden Kindes der Elisabeth Eschbaum einige tief ergreifende Töne auf und eine Gestalt von herzzerreißender Zartheit steht im grausen Spuk der „Elendskirchweih". Diese Szene ist der Höhepunkt des Abends. Direktor Preminger gestaltete sie so schöpferisch, daß man ihre gedankliche Mattheit vergaß und einen Herzschlag lang glaubte, sie entstamme der Phantasie des faustischen Goethe.* Die gesamte Szene war durch Gaukler und Tänzer belebt – man sprach von einer effektvollen, weil effektfreien Regieleistung. Das erste Zeichen war also erfolgreich gesetzt. Die folgende Inszenierung kam bei der Presse ebenfalls gut an. Nur Feldhammers Inszenierung der *Räuber* war weniger glücklich. Er hatte als Franz Moor zwar einen persönlichen Erfolg, aber die Aufführung als ganze wurde eher negativ bewertet.

Wie ging es nun weiter? Ich spielte im nächsten Stück, in *Madame Sans-Gêne*, eine kleine Rolle, danach eine weitere in einem Kindermärchen. Die nächste große Aufgabe fiel mir erst mit dem Chinesenboy in *Brülle, China!* in den Schoß. Mit dieser Besetzung begann etwas, das sich in meiner Laufbahn immer wieder wiederholen sollte: Ich war ursprünglich nicht für diese Rolle vorgesehen, aber Regisseur Fritz Peter Buch aus Frankfurt gefiel die ihm vorgeschlagene Schauspielerin nicht, und so bekam ich eine Chance. *Brülle, China!* wurde ein großer Erfolg, auch für mich. Dieser Boy war allerdings so konzipiert, daß er alle Herzen rühren mußte: Er wurde von der Brücke ins Wasser geworfen, triefend naß kam er dann wieder auf die Bühne. Im wortlosen Mitleiden an dem Unrecht, das seinen chinesischen Landsleuten zugefügt wurde, erhängt er sich an der Kajütentür des Kapitäns in der Meinung, dieser müsse daraufhin zurücktreten. Ein sinnloses Opfer. Aber wie dramatisch ging das zu. Die Szene zeigte das

Deck eines Kriegsschiffs, es war Nacht, im Hintergrund sah man ein Bordfest. Unter den Klängen des „Pflaumenfox" legte ich mir die Schlinge um den Hals, und im grellen Scheinwerferlicht des Kanonenbootes baumelte ich am Türpfosten, bis man mich fand. Die Sympathie der Zuschauer gehörte diesem halben Kind, Symbolfigur für alle geschundenen, versklavten und ausgebeuteten Menschen, die mitleidlos geopfert werden im Interesse der Kolonialstaaten. Erstmals war ich diesem Aspekt begegnet. Hier war sie wieder, die Rolle, für die ich eigentlich fast instinktiv zur Bühne gegangen war. Durch diese Rolle kam ich auch erstmals mit sozialistischen Kreisen in Berührung. Wir spielten *Brülle, China!* einen Monat lang für die von Dr. David Bach geleitete sozialistische Kunststelle. Ich lernte dadurch die Volksbildungshäuser kennen, vor allem das Haus am Ludo-Hartmann-Platz. Ich war beeindruckt von der kulturellen Arbeit, die da geleistet wurde, aber noch mehr beeindruckte mich, mit welchem Ernst diese Arbeit angenommen wurde, wie ungeheuer groß der Nachholbedarf war, wie gut die diversen Kurse und die über die Kunststelle gebotenen Aufführungen besucht waren. Dazu kam, daß ich nach und nach Wien kennengelernt hatte und den sozialen Wohnbau ebenso bewunderte wie die kulturellen Angebote. Bevor ich Wien wirklich zu verstehen begann, begann ich den Sozialismus zu verstehen, dem ich mich bald verbunden fühlte, ohne mich aber jemals der Partei anzuschließen. Ich versuchte, den Sozialismus zu leben.

Mein persönlicher Erfolg als Chinesenboy brachte mir auch erste Kontakte mit der RAVAG. Professor Nüchtern schickte mir per Telegramm ein Rollenangebot, und ich hatte die Freude, Partnerin der von mir sehr verehrten Sybille Binder zu sein.

Ob Preminger damals schon das Neue Wiener Schauspielhaus verlassen hatte oder ob er uns erst mit Saisonschluß verließ, weiß ich nicht mehr. Tatsache ist, daß er die Leitung des Theaters seinem Kompagnon Feldhammer überließ und später als Direktor an das Theater in der Josefstadt ging.

Die engagementlose Zeit während des Sommers überbrückten wir mit einer Wiener Revue, in der auch Karl Farkas mitwirkte. Ein Liedtextanfang ist mir noch im Gedächtnis: *Wiener Kinder gehen in den Prater, nicht mit dem Herrn Vater, der ist stier, God und Gödl führen Bub und Mädel ...*

Den danach folgenden Urlaub verbrachte ich in Köln. Die Urlaubsreise von Wien nach Köln wurde zu einem Extravergnügen. Leon machte diese große Reise mit mir. Von Wien bis Passau fuhren wir mit einem Donaudampfer, der den Namen „Hebe" trug. Um zehn Uhr abends wurden die Anker gelichtet, und das Schiff fuhr langsam stromaufwärts. Wir hatten eine Kabine mit Stockbetten. Ich sah zum ersten Mal das Donautal, saß an Deck im warmen Licht des Julitages und ließ die Landschaft an mir vorüberziehen. In Linz ging das Schiff über Nacht vor Anker. Gegen Abend waren wir dann in Passau, und am nächsten Morgen nahm ich den Zug nach Köln. Ich hatte das Gefühl, eine Weltreise gemacht zu haben.

Die Situation im Elternhaus hatte sich ein wenig entschärft, da mein Vater einen Bauauftrag erhalten hatte, für den er schon lange gearbeitet hatte: eine Villa für drei Familien in Lindental. Das bedeutete eine Entlastung seiner finanziell so angespannten Lage. Vor allem aber machte ihn die Arbeit glücklich. Mein Aufenthalt in Köln dauerte kaum vier Wochen, am 10. August nahm ich Abschied.

Ich kehrte wieder nach Wien zurück, dort gab es allerdings keine Proben. Diese Freizeit war uns sehr willkommen, denn sie gab uns die Möglichkeit, uns den Plänen eines Freundes zu widmen, dem wir beide sehr viel verdanken. Es war Dr. Hans

Schlesinger, ein alter Bekannter aus Leons erstem Engagement in Teplitz. Schles war Anfang 1930 oder schon 1929 nach Wien gekommen. Über Hans Schlesinger müßte man ausführlich schreiben. Er war ein universaldenkender Mensch, er war Schauspieler, Regisseur, Philosoph und vor allem ein Sprachforscher. Ihm verdanke ich ein völlig neues Verständnis unserer Sprache: Sprache als Einheit. Er lehrte uns, eine gute Sprechtechnik voraussetzend, den Gedanken im Wort durch das Wort zu ergründen. Er lehrte uns, die Dynamik der Sprache zu erkennen. Und er brachte uns bei, einen Text wirklich zu lesen, den Gedanken aus der Zusammenstellung und Wahl der Worte zu erfahren. Wir arbeiteten viel miteinander. Außerdem übersetzte er hervorragend Shakespeare-Sonette. Er und seine Frau Cilli Wang zählten zu unseren liebsten Freunden.

Im Oktober 1930 gründete Schles ein Theater. Er nannte es „Die Beispiele“. Sein Theater war als Alternative zum Geschäftstheater gedacht. Mit seinem Spielplan wollte er zeigen, was man „zum Beispiel“ auch spielen könnte. Er eröffnete in der Riemergasse ein kleines, sehr hübsches Haus mit der *Harlekinade*, einem Einpersonenstück, das Schles für seine Frau, die bezaubernde Cilli Wang, geschrieben hatte. Cilli war grandios. Danach folgte *Pauvre Lelian*, ein Dreipersonenstück um Paul Verlaine und Arthur Rimbaud, von Schles selbst verfaßt und inszeniert. Leon spielte den Rimbaud, ich die Mathilde Verlaine und Schles den Verlaine. Leon als Rimbaud war ausgezeichnet, die Rolle war ihm wie auf den Leib geschrieben. Wir spielten es leider nicht sehr oft, denn schon bald mußten „Die Beispiele“ geschlossen werden.

Die Premiere von *Pauvre Lelian* fand am 17. Oktober 1930 statt. Die Presse scheint wenig Notiz davon genommen zu haben, denn unter meinen sorgfältig gesammelten Kritiken finde ich nur eine einzige, und die stammt aus einem tschechischen Blatt. Der Kritiker lobte die Aufführung, tadelte aber das Publikum, das, wie er schreibt, *nicht auf der Höhe war*. Der Premiere war eine lange Zeit der Arbeit vorausgegangen, und unsere Enttäuschung über das bittere Ende war groß.

Die zweite Saison am Neuen Wiener Schauspielhaus hatte mit Gastspielen begonnen: Curt Bois in *Charley's Tante*, Georg Alexander in *Sybille ... ausgeschlossen!*, Eugen Klöpfer in der französischen Komödie *Abgemacht – Kuß!* von Tristan Bernard. Von Klöpfer bekam ich eine harte Rüge, die mich im Augenblick sehr verletzte. Es gab eine Stelle im Stück, wo Klöpfer eine große Ansprache an seine zerknirschten Zuhörer halten mußte. Ich spielte die junge Komtesse einer alten verarmten Familie und stand bei dieser Szene neben einer Ritterrüstung, in der eine kleine Feder vom Staubwedel der Kammerzofe hängengeblieben war. Ich Unglückswurm spielte während Klöpfers Rede gedankenlos mit diesem Federchen. Klöpfer hatte das bemerkt, und nach der Vorstellung – seinen Humor und seine gute Laune auf der Bühne zurücklassend – stürzte er sich auf mich mit den Worten: „Sie Anfängerin, merken Sie sich, wenn ein Hauptdarsteller auf der Bühne eine so wichtige Rede hält, hat niemand einen Finger zu rühren!" Er hatte wohl recht, nur hätte er es mir etwas liebenswürdiger sagen können. Vergessen habe ich diese Lehre aber nie.

Auch in den Gastspielen Georg Alexanders und Curt Bois' übernahm ich Rollen. Eines Abends hing Bois. Ich kecke Anfängerin half ihm sehr geistesgegenwärtig aus der Affäre. Als wir abgegangen waren, umarmte er mich mit den Worten: „So ein betamtes Kind!" Viele, viele Jahre später traf ich ihn in Berlin bei einer Premiere. Ich ging auf ihn zu und begrüßte ihn mit den Worten: „Ich bin das betamte Kind". Wir haben sehr herzlich darüber gelacht.

Es war üblich, solche Lustspiele, aber auch andere Stücke in erstaunlich kurzer Zeit herauszubringen. Aber was Leon und ich bei einem Gastspiel in Sopron mit einem in Wien zusammengestellten Ensemble an kurzer Probenzeit erlebten, war wirklich die Höhe. Geplant war, innerhalb einer Woche fünf Stücke herauszubringen. Ich spielte in dreien davon, nämlich die Mary in *Prozeß Mary Dugan*, die titelgebende Hauptfigur in *Ingeborg* und eine Rolle, deren Namen mir entfallen ist, in *Arm wie eine Kirchenmaus*.

In Wien hatten wir eine Probe. In Sopron sah die weitere Vorbereitung folgendermaßen aus: am Vormittag Stellprobe, Stückprobe und Generalprobe in einem und abends die Premiere. Wir stürzten uns mit viel Humor und Abenteuerlust in dieses Unternehmen. Natürlich wußten wir genau um die Fragwürdigkeit, aber wir waren jung, spielhungrig, bekamen eine hübsche Gage und waren zum ersten Mal in Ungarn. Das Publikum freute sich mit uns, und nach der Vorstellung saßen wir noch bei herrlichem Wein und mit den Bewunderern aus dem Publikum bei Zigeunermusik zusammen. Wir fühlten uns plötzlich frei vom gewohnten Trott, wie weggeblasen waren die Existenzsorgen. Und so konnten wir auch herzlich lachen, als ein Großgrundbesitzer, dem ich gefallen hatte, mit Leon ein Spielchen anfing, das darin bestand, ein Tauschgeschäft auszuhandeln: Schweine gegen Elisabeth. Der Ungar steigerte das Angebot bis auf dreihundert Schweine, aber er mußte sich schließlich geschlagen geben.

Nach diesem ungarischen Intermezzo kamen wieder die Sorgen des Neuen Wiener Schauspielhauses auf uns zu. Es hatte seine geplante Linie nicht eingehalten. Hatte Preminger uns verlassen, weil er sein Programm zum Scheitern verurteilt sah, oder scheiterte das Unternehmen, weil Preminger weggegangen war? Hatte Preminger das Theater, das er mit soviel Ambition mitbegründet hatte, im Stich gelassen, weil das berühmte Theater in der Josefstadt ihn mehr lockte? Wie dem auch sei, der Spielplan wurde anders, als man uns versprochen hatte. Sicherlich veranlaßte auch die pekuniäre Lage des Theaters die Leitung dazu, einen publikumswirksameren Griff zu machen. Aber die Stücke, die gewählt wurden, gaben den meist jungen und ambitionierten Schauspielern keine befriedigenden Aufgaben. Wir gründeten so etwas wie eine „Junge Bühne" und brachten im Einverständnis mit der Direktion eine Nachtaufführung von *Amnestie* heraus. Aber das Schicksal nahm seinen Lauf. Die beiden Stücke *Schuh und Leder* sowie *Schlüssel zum Paradies* waren der Schwanengesang des Theaters, an das wir mit soviel Hoffnung vor knapp zwei Jahren gegangen waren. Der drohende Zusammenbruch war nicht aufzuhalten.

Am 1. April hatte schon das Johann-Strauß-Theater seine Pforten geschlossen. Es wurde in ein Tonfilmtheater umgewandelt. Am 2. Juni mußte Josef Jarno sein Renaissancetheater sperren. Die Versuche, es in ein Filmtheater umzuwandeln, scheiterten zum Glück. Es ist übrigens unbegreiflich, warum über diesen großen Theatermann Jarno so wenig geschrieben worden ist. Das Stadttheater in Klagenfurt war gesperrt, Linz war wegen Sparmaßnahmen der Landesregierung gesperrt. In Deutschland gab es aufgrund von Notverordnungen Gagenkürzungen, in Wien wurden Verhandlungen darüber in den Bundestheatern mit Erfolg geführt. Elisabeth Bergner spielte damals vier Abende ohne Honorar im Berliner Theater in der Stresemannstraße zugunsten des dortigen Personals. Bei uns im Theater hatten sich schon hohe Gagenrückstände angesammelt, der Betriebsrat forderte zur Überbrückung wöchentliche Beihilfen. Für den 15. Juli 1931 hatte man eine größere Zahlung erwartet, da aber diese nicht aufzubringen war, wurde in einer Mitgliederversammlung am

18. des Monats das unabwendbare Ende bekanntgegeben. Feldhammer legte die Konzession zurück. Ich denke heute, daß es für ihn sicher eine Erleichterung bedeutete, ein Haus aufzugeben, das keine Ziele mehr hatte und dessen Spielplan gänzlich verfallen war.

Das war die Welt des Theaters in jenem Jahr. Wie aber sah unsere Welt aus, unsere Zukunft? Der Ausgleich der Gagen und Gehälter war nicht sehr günstig. Die kleine Summe, die wir erhielten, reichte kaum für einen Monat. Wir waren arbeitslos und mußten um Unterstützung ansuchen. Ich kannte das ja schon aus Berlin und Köln. Für Leon war es eine neue und ihn unendlich bedrückende Erfahrung. Auch mir schien das, was ich allein ertragen hatte, nun mit ihm besonders schwer. Am Freitag, wenn man das Geld holen konnte, mußte man sich in langer Reihe bei Regen und Wind anstellen. Man bekam rotmarkierte Arbeitslosenfahrscheine. Wir gingen lieber zu Fuß, als sie zu verwenden. In solcher Situation kamen wir uns vor wie Parias. Aber wir befanden uns unter vielen Tausenden, die in der gleichen Lage waren, dennoch bedeutete das keinen Trost und ließ wenig Hoffnung aufkommen.

Ich machte einen ersten Schritt, indem ich zu Rudolf Beer, dem Direktor des Deutschen Volkstheaters, ging. Als ich ein Jahr zuvor den Chinesenboy gespielt hatte, war er zu mir hinter die Bühne gekommen und hatte mich aufgefordert, ihn zu besuchen. Ich folgte seiner Einladung damals nicht, Leon hatte mir dringend davon abgeraten. Ich sei noch nicht reif für das Volkstheater. Hatte er das Recht, mich zurückzuhalten? Als ich ein Jahr später zu Beer ging, war die Vakanz nicht mehr frei. Das war eine große Enttäuschung. Aber vielleicht war nicht nur ich nicht reif für dieses Theater, sondern die Zeit war für mich noch nicht gekommen, dort zu arbeiten. Bis Ende August 1931 blieb ich in Wien. Aus

Sparsamkeit kündigte ich das Zimmer, in dem ich seit zwei Jahren wohnte. Die Eisengasse hatte mittlerweile ihren Namen gewechselt und nannte sich nun Wilhelm-Exner-Gasse. Meine Vermieterin Maria Damian wurde meine mütterliche Freundin, die mich treu durch die folgenden Jahrzehnte begleitete und mich bis zu ihrem Tod liebevoll umsorgte.

Da war der Schmerz, daß ich plötzlich ein Nichts war, ein Niemand, der nicht mehr das Recht hatte zu arbeiten, der nicht mehr das Recht hatte, ein Teil jenes Organismus zu sein, der allein mich mit Leben erfüllen konnte. Ausgestoßen!

Ich fuhr nach Köln. War es ein Abschied von Wien, von dem Mann, den ich allein zu lieben glaubte? War es Flucht vor einer schier aussichtslosen Situation? Was erhoffte ich mir von Köln? Erholung? Ein Engagement? Floh ich zu meinen Eltern, weil ich bei ihnen Lösung und Ruhe erhoffte, Rückkehr zu meinen Wurzeln? Aber ich wußte, wie schwer ihr Leben war, und mußte wissen, daß neue Leiden auf mich zukommen würden. Doch umfing mich ein Glück. Meine Liebe, die mich durchströmte, als ich die Einsamkeit meiner Eltern erkannte, die Wärme ihrer Freude, mich wieder bei sich zu haben, löste mich von einer Fessel, die ich mir freiwillig angelegt hatte. Das Kind, das ich in ihren Gedanken noch immer war, das Kind, dessen Probleme sie besser nachempfinden konnten als irgend jemand aus der reichen Verwandtschaft in Holland oder Amerika, das Kind benötigte jetzt ihre Hilfe, ihren Schutz. Mein Vater war alt geworden, müde, mit einem erschöpften Herzen, erschöpft von Kummer und erschöpft von der körperlichen Anstrengung. Meine Mutter war von Sorgen und Einsamkeit müde. Wir konnten miteinander gehen, miteinander reden. Und wie stolz war ich, daß ich für meinen Vater arbeiten durfte. Ich durfte Grundrisse kopieren, durfte mit Winkel und Reißschiene arbeiten. Diese Tage in Köln lösten den eisernen Ring des Theaterdenkens, in dem ich gefangen war. Zwar waren die Briefe nach Wien voll verzweifelter Sehnsucht, aber dazwischen klingt ein Fühlen und Denken an, das in Wien angesichts der Übermacht von Leons Person bisher geschwiegen hatte. Wie konnte ich mich hier dem Schauen hingeben, dem Erfühlen der um mich und mit mir lebenden Natur. Wie stark war meine religiöse Erfahrung. Voll Zärtlichkeit danke ich für diese harmonischen Tage voller Verbundenheit mit meinen Eltern, für ihre Liebe, ihre Opfer, die sie brachten, um mir zu helfen. Wie gut, daß es diese Zeit gegeben hat. Ich fürchte, ich habe ihnen zehn Jahre später, als sie zu mir flüchteten, nicht die gleiche Geborgenheit geben können. Warum erinnere ich mich so spät an all das? Ist es, weil mein Leben so atemlos war? So voller Sorgen um das Jetzt? Hatte ich mich so ganz dem Denken des Mannes untergeordnet, den ich liebte? Es war wohl so, daß ich alles hinter mir gelassen hatte, seitdem ich ihm nach Wien gefolgt war. Aber das sollte in Zukunft noch Folgen haben, denn das Eigene ließ sich nicht so ganz zum Schweigen bringen, und immer wenn ich von Wien weg war, brach es hervor.

In den ersten Oktobertagen 1931 fuhr ich nach Wien zurück. Den Plan, nach Berlin zu gehen, mußte ich fallenlassen, da die Geldmittel nicht reichten. Und wieder zeigte sich, daß das, was aus der Not geboren wurde, für die Zukunft, die noch so undurchsichtige Zukunft, das Rechte war.

Wir nahmen also die Arbeit mit Freund Schlesinger wieder auf. Wir saßen in der Theatersammlung der Nationalbibliothek und suchten nach Stücken für das so ersehnte eigene Theater, das anfing, in Leons Kopf Formen anzunehmen. Ob wir damals schon mit Prof. Gregor bekannt waren oder erst im Jahr darauf, weiß ich nicht. Joseph Gregor wurde unser unvergleichlicher Mentor, der uns freundschaftlich und hilfreich bis zur „Insel" begleitete.

Verletzende Briefe: Pygmalion

Zu dieser Zeit hatten sich mehrere „junge Gruppen" gebildet. Ich hatte bald Kontakt aufgenommen und spielte in zwei Stücken. Das, was ich zu tun bekam, war meist nur sehr oberflächlich gearbeitet und fand mehr oder weniger ohne öffentliches Interesse statt. Die selten eingeladene Presse schrieb, wenn sie schrieb, immer positiv über mich. Das war für mich eine Art von Therapie. Im März 1932 erreichte mich ein Ruf aus Mährisch-Ostrau. Zum 100. Todestag von Goethe sollte ich dort das Gretchen spielen. Man erinnerte sich an mich, nachdem Julia Janssen vom Burgtheater wegen Erkrankung abgesagt hatte. Dr. Josef Ambach, ein lieber Freund aus den Tagen des Neuen Wiener Schauspielhauses, hatte mich empfohlen. Die große Schwierigkeit bestand darin, daß ich nur noch zwei Tage bis zur Premiere hatte. Ich kam am 21. März 1932 an. Am 22. März hatte ich meine erste Probe, am 23. März fand vormittags die Generalprobe und abends die Premiere statt. Gewiß, ich hatte das Gretchen mit Schlesinger gearbeitet, sehr gründlich, ohne zu ahnen, wie sehr ich diese Vorarbeit brauchen würde. Aber diese Herausforderung hätte ich doch nicht angenommen, wenn mich nicht zweifache Not dazu gezwungen hätte: die Not des Geldverdienens und die Notwendigkeit, endlich wieder in einer wesentlichen Rolle auf der Bühne zu stehen. Das Echo bei Presse und Publikum war gut, das Urteil über mich war sehr geteilt, es war aber auch geteilt, was die Aufführung insgesamt betraf.

Zwei Tage nach der Premiere bot mir der Direktor eine zweite, sehr schöne Rolle an: die Elisabeth in *Komparserie* von Richard

Duschinsky. Das Stück handelt von einem engagementlosen Schauspielerehepaar. Sie erhält die Chance ihres Lebens und avanciert zum Star. Er ist zu sensibel, die neue Situation zu ertragen, und erschießt sich.

Ich war sehr glücklich mit dieser Rolle, in der ich in der Volkstheateraufführung Luise Ullrich gesehen hatte. Was aber befürchtete Leon? Zog er Parallelen, weil ich in einer kleinen Provinzstadt Erfolg hatte? Was war der Grund dafür, daß ich verletzende und argwöhnische Briefe von ihm bekam? Briefe voller Kritik an allem, was mir Freude machte. Ich hatte ihm so glücklich von meinen Kleidern für die Rolle der Elisabeth geschrieben, aber nichts fand er daran richtig. Er machte mir Vorwürfe, weil ich nicht jeden Tag an ihn schrieb, obwohl ich mich stets bei ihm entschuldigte, wenn ich wegen der vielen Arbeit einen Tag überspringen mußte. War er eifersüchtig? Aber auf wen? Ich berichtete immer, mit wem ich ausging, ich hatte ja nur die beiden Freunde Josef (Ju) Ambach und seine Verlobte Friedel. Wie ausführlich und liebevoll schilderte ich in meinem Brief einen Ausflug mit den beiden. Immer wieder versicherte ich ihm, wie sehr ich gewünscht hätte, ihn bei mir zu haben. Ich hatte versucht, ihn dem Direktor, der einen Schauspieler in Leons Fach suchte, vorzuschlagen, in der Hoffnung, wir könnten gemeinsam in Ostrau engagiert werden. Und trotzdem kamen die verletzenden und kritisierenden Briefe. Gönnte er mir diese kurze Zeit der sorgenfreien, erfolgreichen Arbeit nicht? Vielleicht war es so, aber ganz sicher war ihm das selbst nicht bewußt. Ich glaube heute und ahnte es schon damals, daß er sich dazu berufen fühlte, mich zu erziehen, an mir seine Vorstellung von einer perfekten Frau und Dame und Schauspielerin zu verwirklichen. Pygmalion.

Die Jahre 1931 bis 1934 waren eine Einheit, was meine Erfahrungen in Beruf und Privatleben betrifft. Es gab Lichtblicke. So spielte ich in *Jehr*, dem ersten Stück von Fritz Hochwälder. Natürlich lernten wir ihn, den jungen Dichter, kennen. Viele Abende haben wir nach der Probe mit dem Regisseur Karl Forest, den Kollegen und Fritz Hochwälder, der schon voller Pläne war, verbracht. Auch mit Schles erarbeitete ich viele Rollen, und es gab mehrere Aufführungen im Volksbildungshaus am Ludo-Hartmann-Platz: so etwa *Die Ehe* von Döblin, *Eduard und die Mädchen* von Hofmannsthal, *Das Band* von Strindberg. Ich machte Lesungen und spielte im Verband des Theaters der Jugend im *Sommernachtstraum* die Helena. Aber das waren nur einzelne Aufführungen. Die Gage war zwischen acht und zehn Schilling pro Abend, und die Proben konnten überhaupt nicht honoriert werden. Man kann sich also an den Fingern ausrechnen, wie hoch mein Einkommen war.

Im Winter 1933/34 nahm Leon ein Engagement in Linz an. Obwohl seine Gage nicht hoch war, half er mir immer wieder über die größten Klippen hinweg. Auch meine Eltern taten das ihre, aber trotzdem reichte es nicht. Ich wohnte in Untermiete bei einem Kollegen und dessen Frau. Mein Zimmer war klein, es lag im Parterre mit Ausblick auf einen Garten. Ein Apfelbaum stand vor meinem Fenster. Sein Anblick half mir über manche schwere Stunde hinweg. Das Versatzamt war mir vertraut, aber auch die Sorge, gewisse Dinge, zum Beispiel meine kleine goldene Armbanduhr, nicht verfallen zu lassen. Und doch, das war es nicht, was mein Leben so elend machte. Ohne Geld hätte ich leben können, wenn ich noch einen Sinn gefunden hätte in diesem Warten, diesem Ausgeliefertsein. Ich befand mich in einem Zustand der Unruhe, der Angst, des Suchens nach dem Inhalt meines Lebens. Denn so wie ich lebte, konnte ich auf Dauer nicht weiterexistieren. Doch gab es auch manches Vergnügen. Im Februar 1934 schrieb ich Leon ganz glücklich von einem Kostümfest, auf dem ich von zwei

Männern gleichzeitig umworben wurde. Sie hatten mir die ganze Faschingsnacht hindurch den Hof gemacht. Ich schrieb nach Linz: *Morgen abend ist Euer Theaterball, warum sträubst Du Dich denn so? Ich hoffe, Du wirst Dich wundervoll amüsieren. Ich will, daß Du Dich genauso gut unterhältst und genau so nett flirtest wie ich auf dem Atelierfest. Und wehe Dir, wenn Du Dich drückst! Tu' nur nicht, als wärst Du 100 und 1 Jahr alt!*

Aber zu diesem von mir so warm empfohlenen Theaterball kam es nicht. Ein Aufstand in Wien und Linz verhinderte ihn. Es waren die Februarunruhen 1934, die uns alle in Schrecken versetzten. Kanzler Dollfuß hatte eine gewaltsame Ausschaltung der Sozialdemokraten veranlaßt. Ganze Teile Wiens waren Kampfgebiet, am 13. Februar schrieb ich, daß in der Stadt noch alles ruhig sei, aber *ganz in der Nähe wird gekämpft*. In Heiligenstadt wurde der schöne Karl-Marx-Hof beschossen. Die Stadt wurde gesperrt, man konnte nur mit Legitimation hinein. Meine Eltern sorgten sich sehr um mich, denn die deutschen Zeitungen berichteten ausführlich über die Unruhen. Schlimm war es auch in Linz. Leon konnte nicht in seine Wohnung zurück und mußte in einem Hotel übernachten. Ich war in großer Sorge um ihn. Die politischen Hintergründe waren aber kein Thema in meinen Briefen an Leon.

Er half mir, mich selbst wiederzufinden

Das Auf und Ab der Spannungen zwischen uns beiden kam nicht von ungefähr. Im Mai 1933 war ein Spalt der Türe meines Käfigs geöffnet worden. Dieser Käfig war um mich aus Liebe, aus Sorge, mit der Absicht, alles Zerstörende, Böse von mir fernzuhalten, errichtet worden. Dann kam einer, kein Verführer, ein Mann, der so viel älter war als ich, daß er mein Vater hätte sein können:

Otto Falckenberg. In einer Ecke seines Hotelzimmers kauernd, sprach ich ihm die Kerkerszene aus *Faust* vor. Er hörte zu, was ich als Gretchen zu sagen hatte, und was er mir dann von sich erzählte, daraus hörte ich etwas von dem, was ich so sehr suchte. Von jener anderen Dimension, die es auch zu finden galt und von der zwischen Leon und mir nie die Rede war: vom Reichtum des Menschen in seiner Verschiedenheit. Es war mir nach diesem Gespräch, als ob ich freier atmen könnte, als sei ich kurz am Meer gestanden, fern der Donau. Diese Begegnung zeigte mir, daß ich in Gefahr war zu verarmen. Natürlich wußte ich nicht sofort, was die Ursache war. Ich erkannte erst langsam, daß Leons Fürsorge ein wesentlicher Grund dafür war, und ich versuchte, mich sanft aus dieser Umklammerung zu lösen. Nie kam mir aber damals der Gedanke, mich von ihm zu trennen.

Überblicke ich heute die Geschehnisse, dann staune ich über die Folgerichtigkeit ihres Ablaufs: vom ersten Öffnen der Türe über die ersten inneren Zweifel, den Briefwechsel während der Linzer Zeit, den Versuch, die Umklammerung durch sein Denken – ohne ihn zu verletzen – zu lockern, bis zu jenem Aufenthalt in Luxemburg, wo es zu der unerläßlichen Trennung kam, die nicht nur für ihn, nein, auch für mich mit Schmerzen verbunden war.

Gelübde haben magische Gewalt

Im Oktober 1934 nahm ich ein Engagement in Luxemburg an. Die Stadt war in ihrer Lebensart sehr westlich, die Zweitsprache Französisch gefiel mir. Nach einer ersten Enttäuschung, das Engagement war weniger gut bezahlt als erhofft, fing ich an, mich wohl zu fühlen. Ich spielte viele herrliche Rollen. Natürlich enttäuschte mich, daß auch Luxemburg eine Art Wanderbühne mit vielen Abstechern war. Das Deutsche Theater war nur schwach aus privaten Quellen finanziert. Seine Mitglieder waren hauptsächlich Emigranten aus Deutschland und Wien. Trotz der vielen Arbeit, eine Premiere jagte die andere, tauchten neue Perspektiven auf: politische Gespräche mit den Kollegen. Entgegen der bisher geübten Sitte, das Theater als den Nabel der Welt zu betrachten, nahm ich jetzt Anteil an den Ereignissen des Weltgeschehens. Und langsam lockerten sich die Fäden, die mich an Wien banden.

Der Briefwechsel ging zwar weiter, wie immer berichtete ich Leon alles. Jede Rolle wurde mit ihm ventiliert, von meinen Vergnügungen erzählte ich ihm, aber ich fühlte selbst, daß ich keine Sehnsucht hatte, bald nach Wien zurückzukehren. Ich fing langsam an, mich aus dem Bann zu befreien, den Wien auf mich ausübte. Ja, mir war, als fürchtete ich mich vor dieser Stadt.

Im Februar 1935 trennte ich mich von Leon. Es war eine Notwendigkeit für mich geworden, ich wußte nun endgültig, daß ich mich selbst wiederfinden mußte. Das hatte mir das Zusammenleben mit diesen so anderen Menschen in Luxemburg gezeigt. Im Mai, nach Schluß des ersten Jahres, fuhr ich nach München und traf dort Otto Falckenberg wieder. Es verband mich – nur kurz – eine wunderbare Freundschaft mit ihm, keine Liebesaffäre, es war mehr. Er war für mich der Freund, den ich jetzt brauchte. Er half mir, mich selbst wiederzufinden. Er versuchte nicht, mich zu verändern, er ließ mich reden, ergänzte, sprach von sich. Als ich für kurze Zeit in Berlin sein mußte, richtete ich meine Briefe an ihn. Von Berlin ging es zurück nach Luxemburg, wo wir in Echternach vor der alten Abtei den *Jedermann* spielten. Ich spielte den Glauben. Dort führten wir auch Goethes *Faust* auf.

Die Beziehung zu Leon war natürlich nicht abgebrochen. Ein schmerzlicher, zerstörerischer Briefwechsel ging hin und her. Auch von Freunden wurde mir mitgeteilt, wie elend er sich befand. Seine Schwester schrieb mir. Mich brachten diese Nachrichten in einen Zustand der Ratlosigkeit. Ich hatte erfahren, daß eben zu der Zeit, da ich mich von ihm trennte, sein geliebter Vater gestorben war. Ein Ereignis, das allein schon vernichtend für ihn gewesen wäre. In seiner Verzweiflung, sich auch noch von mir im Stich gelassen zu sehen, hatte er sich – es ist fast unvorstellbar – von seinen Theaterplänen getrennt.

Es kam unaufhaltsam, wie es kommen mußte: Ein Zusammentreffen wurde vereinbart. Wir wollten uns in Berlin beim Pergamonaltar treffen. Es gab warnende Stimmen, aber ich fühlte eine Verantwortung, die ich einst für ihn übernommen hatte. Das Band, das uns sieben Jahre verbunden hatte, war stark und gegenwärtig. Ich erkannte meine Aufgabe. Ich hatte mich von vielem befreien können, und mir blieb Zeit bis zur Rückkehr nach Wien, denn das Engagement in Luxemburg sollte noch bis März 1936 laufen. Mein Entschluß stand fest: Sollte dieses Wiedersehen zu einem guten Ausgang führen, dann wollte ich gerne zurückkehren und bewußt diese Aufgabe, die mir wohl als Auftrag für mein Leben mitgegeben worden war, leben. Ich glaube, ein Gelübde, das man sich selbst ablegt, hat eine magische Gewalt über den, der es ablegt.

Vor nicht allzu langer Zeit stand ich in Pergamon an der Stelle, wo einst der berühmte Altar gewesen war. Und meine Erinnerung ließ alle Zeiten ineinander fließen: die von Pergamon, die von Luxemburg, von Wien, von jener Stunde in Berlin, als wir uns wiederfanden, und die 33 Jahre, die folgten.

Ich verlebte den Winter noch in Luxemburg. Die Turbulenzen des ersten Jahres waren vergangen. Ich las Stücke für unser Theater in Wien, ein guter Freundeskreis hatte sich innerhalb des Luxemburger Theaters gebildet. Das Geschehen in der Welt hatte uns sehr verbunden.

Im Januar 1936 machte ich Urlaub in Holland. Während dieser vierzehn Tage besuchte ich meinen Vetter Geert, der mir lieb geworden war wie mein Bruder. Ich lernte damals erst seine junge Frau und das ungefähr drei Jahre alte Töchterchen kennen. Geert hatte ich etwa zehn Jahre nicht mehr gesehen. Er hatte in Köln Musik studiert, kehrte dann aber in die väterliche Fabrik zurück, um deren Mitdirektor zu werden. Nach einem gemütlichen Essen entschuldigte sich Geert, verließ den Raum, um nach wenigen Minuten in einer schwarzen Uniform wiederzukommen. Ich erstarrte. War es möglich, Geert war NSB? Ich fragte ihn, ob er eigentlich wisse, was er tue, ob er vergessen habe, wer sein Großvater gewesen und ob er überhaupt blind geworden sei. Er zuckte nur mit den Schultern, verabschiedete sich und fuhr nach Breda, um dort zu sprechen. Als Holland befreit war, mußte Geert in ein Kamp. Er war lange dort, bis sein Vater ihn auslöste. Geert lebte später sehr bescheiden in Utrecht. Ich besuchte ihn einige Male dort. Über das Vergangene sprachen wir nie. Auch ohne Worte wußte ich, wie sehr er darunter gelitten und es sich nie verziehen hatte, so blind gewesen zu sein und einst eine so zerstörerische, menschenzerstörende Entscheidung getroffen zu haben. Er starb früh. Seine Asche, so hatte er es gewünscht, wurde in den Dünen ausgestreut. Nichts sollte von ihm bleiben.

Nach meinem Urlaub in Holland kehrte ich deprimiert nach Luxemburg zurück, um noch zwei Rollen zu spielen, und im März 1936 kam ich wieder nach Wien, das nun ganz meine Heimat werden sollte. Ich war zurückgekehrt in eine Welt, die ich lange Zeit als Gefängnis empfunden hatte. Nun hatte ich in der gewaltsam errungenen Freiheit Jahre übersprungen, die Erfahrungen und ein freieres Denken machten mir Mut. Ich hatte den Wunsch, diesem Käfig, in den ich freiwillig zurückgekehrt war, die Gitter zu nehmen und einen lebenswerten Raum für uns beide zu schaffen.

Leon aber, der ja nie dieses Käfigsyndrom gekannt hatte, war abwartend. Das Vertrauen zu mir war verloren, und doch ersehnte auch er die Wiederherstellung der einstigen Gemeinsamkeit. Ich mußte sein Vertrauen wiedergewinnen, aber auch das seiner Mutter und seiner Schwester. Ein Mensch stand ganz hinter mir: meine alte Freundin Maria, bei der ich auch wieder wohnte.

Im Mai 1936 fand wirklich die erste „Insel"-Aufführung statt, und am 3. August 1936 heirateten wir. Es war der Weg unseres Lebens, der uns vorgeschrieben war. Die Stunde unseres Wiederfindens barg auch in sich den ersten Schritt zur „Insel". Wir gingen diesen Weg gemeinsam bis zur Höhe des Erfolges, bis zum Untergang.

Rückblickend ist mir das alles klar, aber als ich nach Wien zurückkam, zeigte sich erst ein Schimmer davon. Der Kreis von Menschen, die am Zustandekommen der „Insel" beteiligt sein würden, fand sich. Was zuerst war, die Henne oder das Ei, das heißt, ob wir zuerst das Stück von Robert Browning *Pippa geht vorüber* lasen und Kontakt mit der Übersetzerin Helene Scheu-Riess aufnahmen oder ob wir erst diese als Präsidentin der Wiener Theatergilde kennenlernten und durch sie das Stück, weiß ich nicht mehr. Es ist auch gleichgültig, jedenfalls war sie es, die uns bei der Verwirklichung einer Aufführung der *Pippa* mit Rat und Tat unterstützte. Sie und Margarethe Schell-Noé, die die künstlerische Leitung dieser Gesellschaft innehatte, waren uns behilflich, die Verbindung mit dem Austro American Institute Of Education, mit der Österreichisch-Englischen Gesellschaft und dem America University Women's Club Of Vienna aufzunehmen. Außerdem warben sie bei ihren Mitgliedern für uns.

Von „Insel“ zu „Insel“

Es war der Weg, der uns vorgeschrieben war

Und alles und alle kamen zusammen und zur rechten Zeit. Der Komponist Hans Gál vertonte die Lieder der *Pippa* mit wundervoller Einfühlungsgabe, seine Frau Erna Gál begleitete am Klavier, die richtigen Schauspieler stellten sich ein, fast alle spielten danach noch oft bei uns. Auch Margarethe Schell-Noé wirkte mit, sie war eine sehr gute Schauspielerin und sah so wunderschön wie ein Botticelli-Engel aus. In Jubals kleinem „Theater für 49“ hatten wir uns auf vierzehn Tage eingemietet, und am 8. Mai 1936 ging der Vorhang auf für die erste „Insel“-Aufführung. Mut hatten wir nötig für diesen Beginn, aber wir erweckten eine erste Anteilnahme, die uns zu weiterer Arbeit ermutigte. Die Kritiken waren gut. Die erste Regie von Leon wurde wohlwollend aufgenommen, nicht nur von der Presse, auch die Kollegen hatten alle sehr gerne unter seiner klugen und sensiblen Führung gearbeitet.

Aus der Zusammenarbeit mit der Theatergilde ergab sich noch eine zweite Produktion in kleinem Kreis: die *Symphonie in Worten* von Konrad Paulis. Es war eine „Symphonisch-Chorische Aufführung“. Sie fand am 24. November 1936 im Beethovensaal der Inneren Burg statt.

Zeitlich lag zwischen dem 8. Mai und dem 24. November der 3. August. Es war ein wichtiger Tag, wichtiger damals als jede Premiere, es war unser Hochzeitstag. In den fünf Monaten seit meiner Rückkehr war durch die gemeinsamen Schritte zu unserem Theater und durch die ersten schüchternen Erfolge ein Fundament erbaut worden, das uns zum gemeinsamen Weitergehen wie geschaffen schien.

Der 3. August 1936 war ein Samstag. Die Schar unserer Hochzeitsgäste hielt sich in Grenzen: Leons Mutter, Schwester und Schwager, deren kleiner Sohn Walter und meine Freundin Maria Damian. Meine Mutter hatte mir sorgfältig verpackt weiße Nelken geschickt. Ich war nun das dritte Kind, das ohne Anwesenheit von Vater und Mutter heiratete. Leons Mutter hatte für ein köstliches Mahl gesorgt, und am Abend fuhren wir mit der altbekannten „Hebe" in die Wachau. Nur drei Tage dauerte unsere Hochzeitsreise. Wir besuchten Melk und Dürnstein, wo wir im Gasthof „Kuenringer" übernachteten und die Reise mit einem Schwips abschlossen. Ich weiß nicht, wer fröhlicher war, der bellende Hund oder wir, die so über ihn lachten, daß uns die Tränen herunterliefen. So glücklich und frei, entlastet von allem Schweren, waren wir bereit zur Arbeit an unserem Theater, das wir als unsere Lebensaufgabe empfanden. Wir hatten eine Pflanze geschenkt bekommen, die mit einem Kalenderblatt vom 3. August 1936 verziert war, das die Worte enthielt: *Die Suppe, die du dir einbrockst, mußt du auch auslöffeln.*

Ja, die Tür zu dem Zwischenreich, in das ich zwei Jahre zuvor geflüchtet war und das ich nun hinter mir gelassen hatte, diese Tür war zu. Ich war nicht mehr dieselbe, die ich vorher war. Aber ich war jetzt die, die Leon brauchte – keine sehr geschulte Intelligenz, aber mit viel Intuition und einem Meer von Kraft und – liebend. So konnten wir das nun folgende Jahr ohne Depressionen durchstehen und mit Elan und Neugierde versuchen, den Fuß weiter in die soeben geöffnete Tür zu schieben. Wir wollten dem ersehnten Theater näherkommen. Und es gelang. Nicht nur die Sorge, das nötige Geld zu beschaffen, auch die Suche nach einem passenden Lokal hielt uns in Bewegung. Ich glaube, es gab keinen Raum in Wien, der sich auch nur im entferntesten für Theaterzwecke adaptieren ließ, den wir nicht gesehen haben.

Dann kam im rechten Augenblick der richtige. Wir waren einer Annonce gefolgt, die uns in eine Garage in der Gußhausstraße führte. Theater in einer Garage? Aber der große Zauberer, den wir fälschlich Zufall nennen, hatte besseres für uns bereit. Die Hausverwalterin bot uns nämlich die Sattelkammer im Erzherzog Eugen-Palais, Parkring 8, an. Das Haus gehörte dem Deutschen Ritterorden. Der Mietvertrag wurde auf ein Jahr mit Prolongationsrecht abgeschlossen und war sehr kulant. Diesen Mietvertrag konnten wir so einfach abschließen, weil wir die Zusage über insgesamt 4.000 Schilling hatten. Einen Tausender bekamen wir von der Mama (Leons Mutter), den zweiten von meiner Schwägerin, einen konnten wir selbst beisteuern und der vierte kam von Dr. Erich Schalscha, der seinen Traum von Konzerten alter Musik in dem kleinen Theater verwirklichen wollte und damit auch unserem Wunsch nach Vervollkommnung unseres Programms durch Musik, damit eine künstlerische Ganzheit entstehe, überraschend entsprach.

Es war bereits Frühsommer, und wir wollten im September eröffnen. Wie in so kurzer Zeit all das geschafft wurde, was geschafft werden mußte, verstehe ich heute gar nicht mehr. Die Bühne mußte gebaut, Vorhänge gekauft, die Sessel (vom Carltheater) beschafft, der Saal neu gestrichen, die Holzverschalungen der Wände aufgefrischt werden – kurz und gut: Die Zeit wurde fast zu knapp. Wir waren für einen Monat nach Döbling gezogen, hüteten die Wohnung einer lieben Bekannten, die eine Reise nach Griechenland machte. Trotz der vielen Arbeit fanden wir am Abend Erholung in ihrem Garten. Dort lasen wir Stücke, und dort fiel uns *Der Bürge* von Claudel in die Hände, mit dem wir das Theater am Parkring eröffneten. Es ist so viel über diese kleine „Insel" geschrieben worden, über ihren Spielplan, über ihre Erfolge, über ihr Ende, daß ich lieber von den Menschen erzählen möchte und von den Dingen und wie das alles zusammenkam, wie wir einander brauchten, wie wir miteinander arbeiteten.

Auf der Schönbrunner Straße gab es einen kleinen Tandler, bei dem ich einen Empirekonsolentisch und eine Empirebank kaufte. Beide mußten klein sein, sie sollten ja auf die kleine Bühne kommen. Da es keine Heizung gab, mußten wir auch einen entsprechend großen Ofen kaufen. Wenn er geheizt wurde, erzeugte er wohlige Wärme. Während der Vorstellung hörte man manchmal sein Knistern. Nach Schließung der „Insel" wurde er zu einem Pensionistendasein auf unserem Dachboden verurteilt. Später kam er in unsere Wohnung und tat dort seine Dienste bis 1964, danach kam er nach St. Andrä, von dem ich später erzählen werde. Dort heizte und wärmte er. Und ich habe ihn dort gelassen! Das war unrecht und undankbar von mir. Die Dinge leben, lieben und träumen mit uns.

Aber noch steht der Ofen in der Ecke des großen Saals, und im Winter sitzen wir diskutierend um ihn herum. Es war eine kleine Gruppe, die sich da zusammengefunden hatte. Einige kannten wir von früher: Hedda Berger, Kollegin aus Nürnberg, Franz Deutsch, Alfred Lipschütz, Freunde aus den Tagen des Neuen Wiener Schauspielhauses. Weitere waren dazu gekommen: Traute Janin, Kurt Nachmann, Felix Eckholt, Maria Birkner. Das sind wenige von vielen, die sich bei uns einfanden. Manche kamen und fügten sich ein, andere kamen und schieden von selbst wieder aus, wenn sich die Zusammengehörigkeit nicht ergab. Alles wurde gemeinsam gemacht. Prof. Emil Pirchan gab uns nicht nur seinen kostbaren Rat zur Ausgestaltung des Raums, er vermittelte uns auch zwei junge Bühnenbildner aus seiner Akademie: Arch. E. H. F. Weber und Franz von Rainer. Weber entwarf die Bühnenbilder und die phantastischen Kostüme für *Das Lachen des Aristophanes*, für die Bühne von Joseph Gregor bearbeitet, und die Damen des Ensembles führten die Entwürfe mit Hilfe einer befreundeten Schneiderin aus. Mollino wurde gekauft, Olga Brun, die Schneiderin, schnitt ihn zu, wir färbten auf dem Dachboden in der Waschküche von Mitarbeiterin Alma Köhler jedes Stück einzeln in den Farben, die Meister Weber vorgezeichnet hatte. Waren die Stücke getrocknet und gebügelt, kamen sie wieder zu Olga, die sie zusammennähte. Anschließend wurde wieder auf dem Dachboden jedes Kostüm einzeln mit den verschiedenen Mustern und Farben mit Pinsel und Lineal bemalt. Die zur Ausstattung gehörenden Masken wurden in einem Faschingsladen gekauft und ebenfalls von einer Pirchan-Schülerin in die entsprechenden Formen gebracht und nach Anweisung bemalt. Leider wurde diese so persönliche und reizvolle Ausstattung von der Presse, die an sich sehr gut war, nicht beachtet.

Noch drei gute Geister liehen der „Insel" ihre Dienste. Allen voran der Allround-Techniker Herr Griesser, der für Bühnenbau, Beleuchtung, Reparaturen und für die gesamte Technik verantwortlich war. Das war gar keine leichte Aufgabe, wenn man weiß, wie primitiv unsere Bühnentechnik war. Herr Wrany, der auch aushilfsweise statierte, war unser Mann für alles, wenn es um den „Bürobetrieb" ging. Er war wie Griesser ein überzeugter und treuer Insulaner. Die dritte Kraft war eine Dame. Sie übernahm die Abendkasse und die Programm- und Garderobenabrechnung. Auch sie gehörte dazu bis zum Ende.

Daß die Gagenfrage in einem solchen Theaterchen anders behandelt werden mußte als in einem großen Haus, ist klar. Wir teilten die Einnahmen. Aber das, was wir auszahlen konnten, langte kaum für Zigaretten. Unser Buffet befand sich gegenüber dem Theatereingang. Es war der Maronibrater, der auch köstliche gebratene Kartoffeln mit Salz für uns bereithielt. Das Geld für alles übrige mußte man in der RAVAG verdienen. Man lavierte sich so schlecht und recht durch. Reich waren wir ja alle nicht. Aber da gab es auch noch unsere liebe Gusti Jockl, Inhaberin einer schönen Pension am Neuen Markt. Jeden Samstag kam sie mit zwei Riesenkörben vollgefüllt mit allen Köstlichkeiten der Welt, und wir wurden mit Kaffee, Kuchen und belegten Broten verwöhnt.

Leon und ich – wir waren Prinzipal und Prinzipalin. Die Arbeitsteilung verstand sich von selbst: Ich hatte die praktischen Dinge zu erledigen und Leon die geistigen. Manchmal überschnitt es sich, zum Beispiel wenn ich Proben hatte. Natürlich mußte ich auch immer wieder als Blitzableiter herhalten. Ich hatte Verständnis dafür, nicht so das Ensemble. Wurde es zu schlimm, nahmen die Kollegen stürmisch Partei für mich. Einmal jagten sie den Prinzipal in den Keller und hielten ihn dort so lange fest, bis er gelobte, sich in Zukunft einen anderen Blitzableiter zu suchen. Aber: „Diese Schwüre habe ich bis heute nicht gehalten!“, bekannte Leon später einmal.

Die Zahl von 49 Sitzplätzen durfte aus Konzessionsgründen nicht überschritten werden. Das eine oder andere Mal geschah es dennoch, wenn zum Beispiel offizielle Gäste zur Premiere kamen und man sie nicht wegschicken konnte. Häufig übersah die stets anwesende Behörde einen solchen Verstoß, oder sie bemerkte es gar nicht. Als bei einer Premiere wieder einmal drei Stühle zusätzlich aufgestellt werden mußten, sagte der diensthabende Beamte zwar nichts, aber zwei Tage später kam die Strafverfügung: 30 Schilling. Das war für uns ein Vermögen. Alle Eingaben nutzten nichts, es hieß zahlen oder 24 Stunden eingesperrt werden. Mein Leon zog letzteres vor, und das gesamte Ensemble begleitete ihn mit Hallo zur Rossauer Lände. Sein Kommentar dazu lautete: *So saß ich als Opfer meiner Ehrengäste 24 Stunden, hatte auf diese Weise einen Tag Urlaub, war in ganz netter Gesellschaft und bekam sogar vom Staat eine Verpflegung.*

Die leidenschaftliche Aktivität hatte uns mit Glück erfüllt, solche Episoden konnte man mit Humor ertragen. Die politische Situation war uns sehr wohl bewußt, aber trotzdem ... Haben wir gehofft, daß es nicht zum Ärgsten kommen würde?

Am 26. Februar 1938 waren unsere Freunde Hedda Berger und Alfred Lipschütz Mitwirkende bei einer Wildgans-Lesung. Lips war Pole, seine Brüder lebten noch sicher in Krakau. War er deshalb so ruhig? Hedda Berger, die Liebe, hatte freilich keine Zuflucht. Sie war aus Deutschland geflüchtet. Wohin hätte sie wohl gehen können ohne Geld? Noch suchten wir Ablenkung in unserer Arbeit. Aber die Abende brachten nervenaufreibende Unruhe. Über den Ring zogen an unserem Theater die Demonstranten in langen Zügen vorbei. Die einen mit Nazi-Liedern und Heil-Hitler-Rufen, eine Stunde später die Vaterländischen mit ihren Österreich-Parolen. Die Zuschauer saßen still, aber sie hörten die Aufmärsche, und uns auf der Bühne klopfte das Herz. Nun war kein Zweifel mehr, das Ärgste war zu befürchten. Aber man hoffte immer noch.

Hedda und ich saßen vor unserem Haus auf der Bank am Ring. Es war schon Frühling. Die Sonne schien warm, erstes Grün zeigte sich. Ich sah in Heddas schönes Gesicht. Es war unbeweglich. Die Hand, die die Zigarette hielt, war ganz ruhig. Was würde werden? Untergang, das wußten wir beide in diesem Augenblick.

Die SS forderte unseren Trakt ein, der Mietvertrag wurde aufgelöst

Am 12. März 1938 besetzte die SS das Eugen-Palais. Unser Theater wurde unter dem Vorwand, daß es sich um ein kulturbolschewistisches Kollektiv handle, gesperrt. Aber noch während wir dabei waren, unsere Bühne abzubauen, kam der Befehl „Weiterspielen" und wir beschlossen alle gemeinsam, es noch einmal zu versuchen. Am 20. April 1938 fand die Premiere von zwei Rilke-Stücken statt. Stille in dieser Zeit. Je lauter es draußen auf den Straßen wurde, desto mehr Zuschauer flüchteten sich zu uns. Am 27. Mai 1938 brachten wir noch *Der Brückengeist* von Julius Maria Becker, ein Stück über den Tod und das Wiederfinden, und *Lanzelot und Sanderein*, ein altflämisches Schauspiel, heraus. Josef Meinrad gab in diesem Stück sein Schauspieldebüt, mit ihm Elfriede Kuzmany. Im Juni 1938 folgte dann das endgültige Aus. Die SS forderte unseren Trakt ein, der Mietvertrag wurde aufgelöst. Das Ende der „Insel am Parkring" war gekommen. Auch ohne diese Auflösung des Mietvertrages wäre das Ende unausweichlich gewesen. Die Präsenz der SS machte den Theaterbesuch für unser zum Teil noch jüdisches Publikum unmöglich.

Das erste Kapitel der „Insel" ist abgeschlossen. Es war wie Nacht um uns. Wir glaubten, unser Theater sei nun für immer verloren. Aber das Band war bereits fest geknüpft, das uns von „Insel" zu „Insel" führen sollte, nur konnten wir das damals noch nicht ahnen. Man hatte uns als Ablöse für den verkürzten Mietvertrag und zur Zahlung allfälliger Kosten eine größere Summe ausgezahlt. Davon beglichen wir offene Rechnungen, den Rest teilten wir mit unseren Mitarbeitern. Von dem Teil, der auf uns fiel, erfüllte sich Leon einen Wunsch, er kaufte eine Leica. Eben diese Leica tauschte ich 1945 gegen Dachdeckmaterial für den Zuschauerraum der Komödie ein. So führte eine direkte Verbindung von einem Theater zum anderen.

Ein Requiem für viele Menschen, die ich liebte

1938 bis 1945: Was ich nun zu berichten habe, wird ein Requiem für viele Menschen werden, die ich liebte, für eine Stadt, für einen Kulturkreis. Denn mit der Machtergreifung und der Diktatur des Nationalsozialismus, mit den Konzentrationslagern, den Todeslagern, den menschenverachtenden Verfolgungen und dem Zweiten Weltkrieg erhielt das Abendland den entscheidenden Todesstreich, dem es – schon reif zum Untergang – nichts entgegenzusetzen hatte. Waren wir nicht im Unrecht mit unserem Glauben an die Aufgabe, abendländisches Denken, abendländischen Fortschritt allen Völkern dieser Erde weitergeben zu müssen? War nicht auch das schon ein Zeichen von Untergang?

Unser Freund Alfred Lipschütz ging zurück nach Krakau. Das Leben dort hatte keine Dauer. Seine langjährige Gefährtin aus Wien konnte nicht mehr zu ihm. Er wurde aus seinem Haus vertrieben, seine Brüder, die Hochschulprofessoren waren, wurden mit ihm in ein Bergwerk verschickt. Leon traf ihn noch einmal in Krakau. Es folgten noch Briefe und Karten, danach nur noch Schweigen.

Hedda Berger blieb in Wien und war seit 1938 untergetaucht. Wo sie sich versteckt hielt, hat sie mir nie gesagt, denn das hatte sie ihrem Asylgeber versprochen. Sie kam fast täglich zu mir, aß mit uns, spielte mit unserem inzwischen geborenen Kind, ruhte sich aus und konnte tief schlafen, da sie sich behütet wußte. So sammelte sie Kraft für die Nächte, die voller Ängste waren. Und eines Tages kam sie nicht mehr. Sie wurde gefunden und ins israelitische Spital eingeliefert, das sich damals bereits in der Sperlgasse befand. Dort konnte ich sie besuchen. Ich bat sie, zu uns zu kommen. Eine Flucht aus dem Spital wäre, so glaubte ich, möglich gewesen. Aber sie wollte nicht mehr. „Nochmals unterzutauchen halte ich nicht aus“, sagte sie, „die ständige Angst, gefunden zu werden, hat mich zermürbt.“ Sie wies auch auf die Gefahr für meine beiden Kinder hin, falls sie nochmals gefunden werden sollte. Aber diese Gefahr war in meinem Haus, in dem es keinen einzigen

Nazi gab, nicht zu befürchten. „Nach Theresienstadt komme ich", sagte sie. Sie glaubte wohl an harte Arbeit und schweres Leben. Was Theresienstadt wirklich bedeutete, ahnten wir damals, 1942, beide nicht. Ich habe nichts mehr von ihr gehört.

Wenige Monate später, im März 1943, verließ uns unsere kleine Eleonore, neun Monate alt, neun Monate unser Glück. Viel Finsternis senkte sich über mich. 1945 starb mein Vater.

Freund Schlesinger, ein gutes starkes Herz, hatte der Zeit und ihrem Haß nicht mehr standgehalten, kurz vor Ende des Krieges starb er in Den Haag. Das erfuhren wir erst viel später, aber auch er gehört in die Reihe derer, die ich hier nennen muß.

In der Unsicherheit der ersten Nachkriegszeit starb Leons Mutter. Ich hatte sie nach ersten Mißverständnissen kennen- und liebengelernt. Sie war von einer ungeheuren Aktivität. Wenn sie nicht gerade zornig war über die Bosheit der Welt, die sie nicht verstehen wollte, oder in liebevoller Sorge um ihre Kinder, die die seltsamsten Blüten hervorbrachte, dann hatte sie einen wunderbaren, aus den Tiefen ihres Herzens kommenden Humor. Sie kämpfte tapfer gegen ihre schwere Krankheit – im Juli 1945 erlag sie ihr. Ich durfte in dieser Stunde bei ihr sein.

Anfang Dezember 1946, es war eine kalte Winternacht, reiste meine Mutter vom Westbahnhof mit einem Rotkreuzzug ab. Wie konnte ich sie nur fahren lassen? Sie sehnte sich so sehr nach ihrem Holland. Aber welches Holland fand sie wieder? Sprach ich davon, wollte sie es nie recht glauben. Nun sah sie es selbst: zerstört, die Familie verstreut, Tochter und Schwiegersohn in einem Ausweichquartier, da die alte, schöne Pastorie noch kurz vor Ende des Krieges in Flammen aufgegangen war. Ihr Zwillingsbruder war tot, ihr geliebtes Middelburg war 1940 einem Bombardement der Deutschen zum Opfer gefallen. Für sie gab es keinen Platz mehr. Diese späte, so lang ersehnte, aber letztlich glücklose

Heimkehr war wohl der letzte Tropfen Bitternis, den ihr armes Herz ertragen konnte. Seit 1947 ruht sie bei ihren Eltern in der geliebten holländischen Erde.

Hiobsbotschaften

In den Jahren von 1938 bis 1945 gab es neben der vielen Trauer auch das fragile Glück in unserer Ehe und mit unseren Kindern.

Nein, wir saßen nicht unter einer Glasglocke, verschlossen nicht unsere Ohren mit Wachs. Erst wollte Leon noch um den Erhalt seiner „Insel" kämpfen. Ich schreibe mit Absicht „seine", denn hier konnte ich ihm wirklich nicht folgen, und doch suchten wir gemeinsam nach einer Möglichkeit, sie wiedererstehen zu lassen. Es war vergebens. Im Oktober 1938 wurde er an das Deutsche Volkstheater verpflichtet. Er spielte dort und inszenierte auch. Das Interesse für Theaterlokalitäten war im Augenblick zurückgestellt, denn nun gingen wir auf die Suche nach einer Krippe für unser erstes Kind. So viele arisierte Wohnungen wurden angeboten, doch es wäre undenkbar gewesen, in einer Wohnung zu leben, aus der kurz vorher Menschen flüchten mußten. Es wäre mir unmöglich gewesen, dort ein Leben aufzubauen. Dann fanden wir die Wohnung, in der ich noch heute lebe. Fast das ganze Haus stand leer. Als wir den Mietvertrag abschließen wollten, wurden wir auf Herz und Nieren geprüft, wes Geistes Kinder wir seien. Dank dieser verdienstvollen Frau, die in Abwesenheit des Hausherrn das Haus verwaltete, gab es keinen einzigen Nationalsozialisten oder Mitläufer in unserem Haus.

Nachdem wir unsere Wohnung bezogen hatten, mußte ich in Sachen der Reichstheaterkammer nach Berlin, da die Geburtsscheine meiner großelterlichen Familie nicht vorhanden waren. Namen wirkten wie Omen. Hatte doch schon, als das Parkringtheater die deutsche Invasion erlebte, ein SS-Mann Leon gefragt: „Epp, und wo haben Sie Ihren Stein vergessen?“ Worauf Herr Wrany zornesrot ausrief: „Und wo hat Ihr General Epp seinen Stein vergessen?“

So wurden auch die Namen Eschbaum und Löwenstein, der Name meiner Großmutter, unter die Lupe genommen. Die Inquisitoren mußten zur Kenntnis nehmen, daß es sich in beiden Fällen um alte katholische, rheinische Familien handelte. Aber bis das geklärt war, machte man mir große Schwierigkeiten. Dann wurden die Holländer kontrolliert: Großmama war, wie man so schön sagte, „in Ordnung“, niederländisch-reformiert. Mit der Konfessionslosigkeit meines Großvaters fanden sie sich ab, da ich nachweisen konnte, daß es in Holland einen hohen Prozentsatz konfessionsloser Menschen gab. So bekam ich meinen Mitgliedsausweis. Ich konnte also spielen, für ein Engagement an einem Staatstheater hätte ich allerdings den großen Nachweis bringen müssen, der bis etwa 1780 reichen mußte. Mir genügte das, was ich hatte. Aber die beiden Wochen in Berlin zermürbten mich sehr, und ich war froh, uns „beide“ bald wieder wohlbehalten in Wien zu wissen. Der Sommer 1939 war gekommen, und bevor Leon nach einem Jahr vom Volkstheater in die „Komödie“ wechselte, für deren künstlerische Leitung er engagiert worden war, fuhren wir auf Urlaub. Als wir am 17. August 1939 nach Hause kamen, lagen die Lebensmittelkarten auf dem Tisch, der Zweite Weltkrieg war vorprogrammiert.

14 Tage später, am 1. September 1939, begann der Deutsch-Polnische Krieg. Genauer: der Einmarsch in Polen. Anfang September 1939 hatte Leon seine erste Premiere in der „Komödie“. Er arbeitete mit Verbissenheit. „Man weiß nie, wenn oder ob es die letzte Arbeit ist.“ So düster die Gegenwart auch war, für mich hatte sie einen Lichtblick: das Kind, das da kommen sollte. Die-

sem Kind wollte ich Hoffnung und Freude mitgeben. Solange ich es in mir trug, sollte es von allem Bösen behütet sein, und wenn es endlich da sein würde, wollte ich Sorge tragen, daß es behutsam mit der Welt vertraut würde. Mit vierzehntägiger Verspätung kam unser Michael am 26. Oktober 1939 zur Welt. Er war ein Bilderbuchkind mit einem blonden Haarschopf, großen blauen Augen und einem Gesichtchen wie Milch und Blut. Im Triumph kam ich mit ihm nach Hause. Aus unserer Zweisamkeit, einem Zustand, an den Leon und ich uns schon so gewöhnt hatten, wurde nun eine kleine Familie.

Das Theater war mir wieder weitgehend entzogen. Leon erzählte zwar viel von seiner Arbeit, aber die innere, intime Sphäre der „Komödie“ blieb mir fern. Ich war natürlich auch sehr ausgefüllt mit der Sorge um den Haushalt, vor allem aber mit der Sorge um das kleine unbekannte Wesen in meinen Armen, das sein neues Dasein erst begreifen mußte. Es forderte mich und war wie ein Wunder für mich. So konnte ich Leons Arbeit, die so ganz anderer Art war, nicht immer folgen. Auch die Weltlage war spürbar kritisch geworden. Noch hatte sich an unserem Leben wenig geändert, wenn man von den sich allmählich einstellenden Schwierigkeiten im Alltag bei den Lebensmitteln und bei der Beheizung absieht. Mit den Sonderzuteilungen wurden sozusagen die Ängste zum Schweigen gebracht. So vergingen die erste und die Hälfte der zweiten Spielzeit. Dann kam der Tag, an dem ein Weiterarbeiten nicht mehr möglich wurde. Der Leiter der „Komödie“ hatte das Haus dem Volkstheater übergeben, das gesamte Ensemble wurde entlassen. Leon, den das Schicksal seiner Mitarbeiter nicht gleichgültig ließ und der ja auch selbst betroffen war, versuchte noch zu retten, was möglich schien.

Einige Kollegen waren schon eingezogen und an die Front geschickt worden. Dem einen oder anderen glückte noch der

Sprung an ein anderes Theater, aber der Großteil mußte mit der baldigen Einberufung rechnen. Leon fuhr nach Berlin, und es gelang ihm, eine Wehrmachtstournee zusammenzustellen. Zwei Stücke sollten gespielt werden: *Der Zerrissene* von Nestroy und *Scampolo* von Niccodemi. Da keine Frau meines Faches im Ensemble war, aber zwei Rollen besetzt werden mußten, machte Leon mir den Vorschlag mitzufahren. Ich wußte, wie sehr er sich das wünschte, und so nahm ich gerne an, als meine Schwägerin sich bereit erklärte, den bald zweijährigen Michael mit unserem sehr lieben Hausmädchen Minni zu sich nach Mödling zu nehmen, wo ich ihn bestens behütet wußte. Ende Mai 1941 fuhren wir also mit dem gesamten Ensemble nach Berlin, wo die Dekorationen angefertigt wurden und wir die letzten Proben hatten. Wohin uns das Schicksal führen sollte, erfuhren wir erst dort. Es ging nach Warschau. Am 14. Juni 1941 um sieben Uhr früh setzte sich unser Konvoi in Bewegung.

Von Warschau zu erzählen, heißt Bilder aus einer Zeit wachzurufen, die mein ganzes Wesen erschüttert hat. Wir fuhren mit sechs Privatautos von Berlin ab. Da es einige Pannen gab, wurde es eine lange Fahrt. Etwa eine Stunde vor Warschau, es war schon späte Nacht, hielt uns ein Mann auf, der aus einer Ortschaft kam, wo Flecktyphus herrschte, und der nach Hause, nach Warschau wollte. Es war Mitternacht, als wir unser Ziel erreichten. Erst nach langem Suchen fanden wir den Mann, der uns in unser Quartier führen sollte. Die Nacht verbarg, was uns am nächsten Morgen fassungslos machte: eine vollkommen zerstörte Stadt. Ich kann nicht schildern, was wir empfanden. Es war, als wären wir in das Reich des Todes geraten.

Da wir auf die Ankunft der Dekorationen warten mußten, hatten wir Zeit uns umzusehen: Ruinen, Bombentrichter, Zerstörung ringsum. Ein Inferno. Wir kamen zu einer zerborstenen Mauer, die bis zur Hälfte von Schutt und Geröll verdeckt war. Zwei kleine Knaben, blaß und verhungert, standen plötzlich bettelnd vor uns. Ich gab ihnen eine Tafel Schokolade, da ich nichts anderes bei mir hatte, und fragte sie: „Wo ist eure Mutter?“ Einer von ihnen deutete auf die Mauer. Ich dachte, seine Mutter sei unter dem Schutt vergraben. Da kam ein Polizist und verjagte die Kinder. Sie rannten davon und verschwanden im Grau des Gerölls. „Was ist das?“ fragte ich den Polizisten. „Das Ghetto“, antwortete er und ging ohne zu grüßen weiter.

Unvergeßlich ist mir der jüdische Friedhof. Er war ein Ort des Friedens. Ich streifte mit der ganzen Fläche meiner Hand über einen Grabstein, da spürte ich den Blick einer Frau, die halbverborgen hinter dem Stein stand. Ich blickte in ihre angstvollen Augen. Einen Augenblick sahen wir einander an – Eindringlinge waren wir für sie, die diesen Ort der Ruhe entweihten. Ich begriff, daß ich nicht hierher hätte gehen dürfen.

In der Morgendämmerung des 21. Juni 1941 hörten wir die ersten Kanonenschüsse. Frankenberg, ein Oberleutnant aus Düren, der uns als Kulturoffizier zugeteilt war, empfand seine Uniform, die er ja tragen mußte, als Nessushemd. Er sah auf seine Uhr und sagte: „Drei Uhr. Der Untergang Deutschlands hat begonnen.“ Es war der Beginn des Krieges mit Rußland.

Die Truppen, für die wir spielten, bestanden aus jungen Menschen, die der Willkür des Hasses und dem Wahn der Macht ausgeliefert waren. Wir waren drei Monate in Warschau, mit Ausnahme von acht Tagen spielten wir täglich. Die Bataillons, zu denen wir kamen, wußten um ihren zukünftigen Einsatz. Sie waren dankbar für einen Abend, der sie vielleicht auf andere Gedanken bringen konnte. Wir verbrachten die Zeit nach den Vorstellungen mit ihnen, manchmal in übermütiger Lustigkeit, manchmal in schwermütigen Gesprächen. Kontakt mit der Bevölkerung kam nicht zustande. Der Umgangston war höflich, aber distanziert. Jeder Versuch, eine Brücke von Mensch zu Mensch zu bauen, mußte scheitern. Freude leuchtete manchmal in Kinderaugen auf, wenn sich die Möglichkeit bot, ihnen etwas zukommen zu lassen. Besondere Freude konnte einmal unsere Geigerin Edith Bertschinger einer Schar neugieriger Kinder bereiten, die ihr den Weg versperren wollte. Sie nahm ihre Geige und spielte zum Entzücken der Kinder die Serenade von Toselli.

So oft es möglich war, fuhren wir abends nach der Vorstellung nach Warschau zurück. Wir wohnten dort mit den Mitgliedern anderer Theatergruppen in einem ziemlich neuen Haus. Jeder hatte ein Appartement, bestehend aus einem Zimmer mit Balkon, Küche und Bad. Alle Nebenräume waren perfekt eingerichtet. Nur das große Zimmer war kaum möbliert: Pritschen mit groben Wolldecken, ein Tisch mit zwei Holzsesseln. Aber im Laufe der Zeit ging eine Wandlung vor sich. Kamen wir nach ein paar Tagen Abwesenheit zurück, war in den Zimmern immer etwas dazu gekommen. Erst neue Möbel, dann Steppdecken, Vorhänge, Lampen.

Am 14. September 1941 war unsere Tournee beendet. Als der Zug uns wieder nach Hause brachte, waren drei Monate vergangen. Wir sahen Warschau nicht wieder. Bald danach war der Aufstand im Ghetto. Oberleutnant Frankenberg, mit dem wir uns angefreundet hatten, kam zurück in seine Heimat, aber auch ihn sahen wir nie mehr wieder.

Als wir zurück nach Wien kamen, lagen auf dem Tisch Briefe, die nichts Gutes brachten. Einer enthielt die Nachricht vom Tod meines Bruders. Im August 1941 war Max vor Piräus mit seinem von einem Torpedo getroffenen Schiff untergegangen. Er war Erster Offizier bei der Handelsmarine gewesen, die in jener Zeit Truppentransporte durchführen mußte. Max hatte mit einem jungen Kameraden den Dienst getauscht, damit der Jüngere an Land gehen konnte. Ein weiterer Brief stammte von meiner Mutter, die verzweifelt vom Tod des Sohnes, von den Sorgen um Vater und von ihrer Angst vor den Bombennächten schrieb. Und da war der Stellungsbefehl für Leon. Hiobsbotschaften.

Meinen Eltern hatte ich schon früher geschrieben, daß wir uns freuen würden, wenn sie eine Zeit lang zu uns nach Wien kämen. Diese Bitte wiederholte ich nun. Was die Einberufung Leons betraf, die mich maßlos erschreckte, ergab sich eine geradezu wunderbare Lösung. Ein Mann in der Reichsstatthalterei, der Leon als Künstler und Regisseur sehr schätzte, obgleich ihm bewußt war, daß wir dem herrschenden Regime ablehnend gegenüberstanden, vermittelte ein Gespräch mit Saladin Schmitt, dem Intendanten von Bochum, und das Wunder geschah: Epp wurde als Oberspielleiter engagiert und blieb dem Theater erhalten. Im Oktober 1941 verließ Leon Wien. Zu eben dieser Zeit trafen meine Eltern ein. Ich mußte erst lernen, mein Leben, meine Aufgaben in den nun folgenden vier Jahren anzunehmen.

Wegen der Ankunft meiner Eltern in Wien mußte ich die Wohnung neu gestalten. Bezugsscheine waren zu besorgen, Amtswege mußten erledigt werden. Ich verdrängte die Gedanken an das Kommende, aber gleichzeitig freute ich mich, daß ein zweites Baby unsere kleine Familie vergrößern sollte. Ich war dankbar, daß Leon seine Arbeit fortsetzen durfte und ihm das Feld erspart blieb. Aber ich mußte auch die vor mir liegende Einsamkeit ertragen. Nicht nur die Trennung von Leon, von unserem gemeinsamen Leben mußte ich verkraften, sondern auch die Trennung von der gemeinsamen Arbeit und die Trennung von meinem Beruf.

Die ersten Monate in Bochum waren schwer für Leon. Er brauchte Zeit, sich an die andere Mentalität zu gewöhnen, aber die Voraussetzungen waren günstig. Die Ausfertigung seines Vertrags ließ indessen noch auf sich warten. Erst Ende November wurde seine Anstellung als Oberspielleiter perfekt. Vor einigen Jahren erfuhr ich durch einen Zufall die Gründe dafür. Eine Studentin der Theaterwissenschaft fand bei ihren Recherchen einen Gauakt aus dem Jahre 1941. Er war auf Ersuchen des Oberbürgermeisters von Bochum angefertigt worden, der Auskunft über Leon Epp verlangt hatte, nachdem er ihm als Oberspielleiter empfohlen worden war. Das Gesuch wurde energisch wiederholt, als nach vierzehn Tagen kein Bescheid eingelangt war. Die Auskunft war dann sehr nichtssagend: Über Epp sei nichts bekannt, außer daß er kein Parteimitglied sei und auch vor dem „Anschluß" in keiner Weise wegen NS-Betätigung verfolgt worden sei. Erwähnt wurde, daß er *nicht spendefreudig* sei. Das gleiche stand über mich in diesem Akt. War es diese Bestätigung über seine Nichtzugehörigkeit zur Partei, die Saladin Schmitt abgewartet hatte? Es war bekannt, daß das Bochumer Theater sich vom Nationalsozialismus distanzierte und daß dem künstlerischen Ensemble kein einziges Parteimitglied angehörte. Dieser Gauakt brachte also wahrscheinlich die Entscheidung.

Meine Eltern versuchten inzwischen, sich in Wien ein wenig heimisch zu fühlen. Einem jähen Entschluß folgend, hatten sie ihre hübsche kleine Wohnung in Köln aufgegeben, alle Möbel verkauft, ebenso Bilder, Bücher, nur einige wenige Stücke, an denen ihr Herz besonders hing, nahmen sie mit auf diese Reise in ein unbekanntes Leben, das bedrohlich vor ihnen lag und ihnen wenig Hoffnung brachte. Nach langer Zeit der Armut, gejagt von den Schrecken der Bombentage und -nächte, hatten sie Köln endgültig verlassen.

Wien war in diesen Kriegszeiten nicht freundlich und schon gar nicht zu Fremden. Vater und Mutter waren also sehr unglücklich und beschlossen gleich in den ersten Wochen, nicht länger zu bleiben.

Für mich fing die Zeit der Briefe an. Der alltägliche Kleinkram wurde besprochen, ich ließ Leon an den Spielen unseres Michael teilnehmen, erzählte von den Eltern und ihrem Mißgeschick beim Möbeltransport. Mutter hatte die Vorbereitungen in großer Hast und wohl auch Verzweiflung gemacht, nun waren auf dem Transport etliche Stücke gestohlen worden. Aber ich versuchte auch, Leon Mut zu machen und ihm das Positive seiner „Verbannung", wie er es nannte, zu zeigen.

Die zwei Monate bis Weihnachten vergingen schnell, den Weihnachtsabend feierten wir zu viert: Vater, Mutter, Michael und ich. Ich ging ganz in meiner Vorfreude auf, denn am nächsten Tag sollte ich meine Bochumreise antreten. Mutter hatte sich bereit erklärt, über Michael zu wachen, und unsere brave Minni würde den Haushalt auch ohne mich in Schuß halten. So konnte ich am 26. Dezember 1941 abreisen.

Aus den geplanten vierzehn Tagen wurden sieben Wochen. Sieben Wochen, in denen ich die Atmosphäre von Bochum kennenlernte. Es schmerzte mich zu erfahren, wie sehr die Arbeit Leon erfaßt und mit den Kollegen verbunden hatte, wie sehr ich ausgeschaltet war. Leon hatte eine sehr hübsche Atelierwohnung nahe dem Theater. Wenn er auf der Probe war, übernahm ich die Haushaltspflichten. Ich räumte auf, kochte. Kochen war nicht so einfach, das Wasser war so sehr verchlort, daß man es nicht verwenden konnte. Zum Trinken und für den raren, kostbaren Kaffee nahmen wir Mineralwasser. Zum Kochen aber holte ich Schnee vom Dach, das ja direkt vor dem Fenster war. Da der Schnee mit Ruß verunreinigt war, schmolz ich ihn in einem weißen Tuch und kochte dann mit diesem Wasser.

Der Grund für meinen längeren Aufenthalt war ein Gastspiel in Holland, zu dem ich mitreisen konnte. Das Bochumer Theater spielte regelmäßig in Den Haag und Amsterdam. Diese Reise bedeutete für mich, daß ich meine Schwester und meinen Onkel wiedersehen konnte. Madelon und ihren Mann traf ich in Den Haag im Haus ihrer Tochter Anni, die gerade aus Java zurückgekommen war. Ihr Erstgeborener lag noch in der Wiege. Die Begegnung mit meiner Schwester war schön und auch sehr nötig, um manches zu klären, so unsere Einstellung zu dieser Zeit. Auch über das Schicksal unserer Eltern mußten wir sprechen. Als wir durch die Straßen zum Bahnhof gingen, bat mich Madelon, nicht deutsch zu sprechen.

In Amsterdam trafen wir Onkel Jan, den Zwillingsbruder meiner Mutter, in einer hübschen Bodega zu einem kleinen Lunch. Er war damals 63 Jahre alt, hatte als Ingenieur die Trockendocks gebaut, deren Direktor er war. Bei Onkel Jan und seiner liebevollen jungen Frau Jane hatte ich in Hilversum so manchen Urlaub verbracht. Ich hatte Onkel Jan seit diesen Jungmädchentagen nicht mehr gesehen und war sehr beeindruckt von seiner Art, die Dinge zu betrachten. Ich habe ihn danach nie mehr wiedergesehen. Ein halbes Jahr später erlag er auf einem Spaziergang einem Herzinfarkt.

Kurz nach unserer Rückkehr aus Holland reiste ich wieder nach Wien. Es war für mich, bei aller Freude, in der Stadt sein zu können, wo Leon nun lebte, doch auch eine belastende Zeit gewesen. Angst hatte mich erfaßt. Angst vor einer drohenden und unaufhaltsamen Entfremdung und vor der Entfernung von der gemeinsamen Arbeit. Ich wußte so sehr um die Bindung, die durch glückhafte Arbeit entsteht, ich wußte nur zu gut, daß der Eros eine nicht zu übersehende Rolle in der Beziehung zwischen Schauspieler und Regisseur spielt, auch wenn sich das nur in besonders sensibler und einfühlsamer Zusammenarbeit äußert. Und ich sah mich fern und ausgeschaltet. Ein Brief, den ich am 13. Februar 1942 auf der Fahrt von Bochum nach Wien geschrieben habe, sagt darüber manches aus: *Es war keine schöne Nacht! Ich schlief einen Dämmerschlaf mit vielen Gesichtern – da war es mir, als sprächest Du zu mir. Ich hörte Deine Stimme so deutlich, daß ich erwachte, aber es war finstere Nacht um mich – die Dunkelheit stand wie eine Mauer um mich! Aber es war nicht jene Mauer, von der ich möchte, ER soll sie um uns bauen – unser Abschied war so merkwürdig – ich war wie in einer Narkose – ich war wie empfindungslos – dann das frühe Zuschlagen der Türen, sechs Minuten vor der Abfahrt. Mein Schrecken, als ich Dich in der Dunkelheit des Bahnhofs nicht mehr sah, schließlich der Alarm – es war abscheulich!*

In den folgenden drei Jahren schwankte ich zwischen Verzweiflung und Hoffnung, zwischen wiedergewonnenem und verlorenem Vertrauen. In meinem Suchen nach Gewißheit übersah ich das Suchen anderer, denen ich hätte helfen können. Ich lebte in einer Welt, die ich um mich erbaut hatte und die voll Widerspruch bleiben mußte. Ich flüchtete mich in meine Bücher, ich versuchte mit langen Briefen, den Kontakt zu Leon stets lebendig und gegenwärtig zu erhalten.

Besonders schmerzlich war der Entschluß meiner Eltern, mich wieder zu verlassen und nach Köln zurückzugehen. Aber dort gab es ja keine eigene Wohnung mehr. Ich hatte versucht, sie doch noch zum Bleiben zu bewegen, und machte ihnen den Vorschlag, ihnen ein Zimmer zu mieten, wo sie von uns ungestört, aber doch in unserer Nähe leben könnten. Vergebens. Ich versprach meinem Vater, ihm ein eigenes Bett zu kaufen. Das eigene Bett nicht mehr zu haben, quälte ihn sehr. Ich glaube, er war nie so recht einverstanden mit Mutters Entschluß, alles zu verkaufen und aufzugeben. Aber er hatte alles stillschweigend zugelassen, denn er sah wohl ihre Angst und Ratlosigkeit und wußte nicht zu helfen. Und noch ein stiller Wunsch war mit dieser Rückkehr nach Köln verbunden: Er hoffte, dort noch einmal Arbeit zu finden. Mein Vater war damals 79 Jahre alt, aber von außergewöhnlicher geistiger Frische. Gutachten hätte er ohne weiteres noch verfassen können.

Am 12. März 1942 schrieb ich an Leon: *Heute um 7 Uhr 50 früh sind die Eltern weggefahren, ich bin schrecklich traurig. Als ich Vaters liebes, altes und so krankes Gesicht zum letzten Male sah – vielleicht sehe ich es nie wieder! Und so ins Ungewisse fahren sie, so arm, so alt, so allein. Ich habe Dich im letzten Brief um etwas Törichtes gebeten, um ein Ostergeschenk. Ich brauche kein Ostergeschenk, wie konnte ich nur auf eine solche Idee kommen, aber bitte, bitte fahre nach Köln zu ihnen. Die ganze Abreise sonst war gut. Nachdem Minni gestern Abend eine Stunde herumgelaufen ist, um ein Taxi zu finden, und sie nach mehr als einer Stunde endlich mit einem ankam, fuhren wir, sie und ich, mit den zwei Handkoffern der Eltern auf die Bahn und gaben sie gleich auf. Der Chauffeur versprach mir nach langem Parlamentieren, daß er noch in der Nacht anrufen wolle, ob uns jemand in der Früh um halb sieben abholen könne. Ich versprach dem edlen Retter drei Mark extra! Da ging es. Er legte mir diese Taxe, muß ich schon sagen, direkt in den Mund. Er kam dann auch heute pünktlich und mit dem Zulassungsschein vom Bahnhofsvorstand, und so saßen wir um dreiviertel sieben schon in einem herrlichen Ersteklassecoupé (für die zweite Klasse geöffnet). Eine Stunde hatten wir Zeit bis zur Abfahrt. Es wurde dann noch sehr voll.*

Damit die Reise für meine Eltern nicht allzu anstrengend würde, fuhren sie über München, wo ich für sie ein Hotelzimmer bestellt hatte. In Köln fanden sie nicht, was sie suchten, und so führte sie ihre Odyssee nach Bonn, wo sie in der Kronprinzenstraße eine nette Pension fanden. Ich glaube, sie waren in diesen Jahren des Alleinseins sehr aufeinander zugewachsen, sie lebten jetzt wirklich füreinander. Aber die Angst vor der ständigen Bombengefahr blieb.

Im September 1942 erreichte mich ein eingeschriebenes Päckchen meiner Mutter. Es erschreckte mich und bereitete mir großen Schmerz. Sie hatte mir ohne eine Zeile die kleine Porzellanminiatur meiner Großmutter geschickt. Es war das Liebste, was meine Mutter noch besaß und von dem sie sich nie getrennt hatte. Dazu hatte sie auch ein kleines Korallenketterl gelegt. Es war wie ein Vermächtnis. Ich dachte mir, daß sie es in Sicherheit wissen wollte. Später kam eine Karte, die mir das bestätigte.

Während ich versuche, meine Erinnerungen zu ordnen, löst sich der Mensch, von dem ich erzähle, aus der Zeit und seine Geschichte verdichtet sich und zieht sich zusammen, wird zur Einheit ohne zeitliche Bindung. Die Angst beherrschte damals Mutters Leben.

Am 26. März 1942 hatten wir in Wien den ersten Bombenalarm. Es blieb zwar dabei, denn es kamen keine Flieger, nur in der Ferne hörten wir Schüsse. Aber es war die erste Drohung, daß auch Wien nicht verschont bleiben würde. Im Juni 1942 erwartete ich mein zweites Baby. Die Zeit und der Raum, die mich von Leon trennten, beherrschten mein Denken. Sobald Ruhe um mich war, verfaßte ich lange Briefe an Leon. Aber meine Briefe verdeckten wie mit einem schönen Vorhang viele meiner wahren Gefühle. Ich beschäftigte mich mit den Stücken, die er inszenierte, las darüber und berichtete ihm von meinen Überlegungen. Ich versuchte mit allen meinen Kräften, an dem, was er machte, teilzuhaben. Da war sie wieder – die Trennung wie vor sieben Jahren. Diesmal war er fort, arbeitete er. Diesmal war ich es, die ihn mit Briefen der Liebe umwarb. Aber ihn band so vieles an Wien. Nun unser Kind, bald *die* Kinder. Außerdem blieb der Wunsch und der Wille, die „Insel" zu gründen, immer aufrecht.

Durch den uns bedrohenden Krieg wurde unser Band trotz aller Ferne noch fester geknüpft. Wir reiften beide in diesem Prozeß.

Am 19. September 1942 schrieb ich an Leon: *Aber wir wollen auch mit allen Kräften unseres Herzens wünschen, daß diese Zeit der Trennung nicht allzu lange währt. Oft meine ich, sie sei ein Schwert, das alles Schöne und alle Bindung durchschneidet. Dann sehe ich mir rasch etwas Schönes an, etwas Vollkommenes – ein grünes Blatt – die Sterne. Und wenn ich die wie Ebenholz glänzenden, zarten Farnrispen des Frauenhaares mit seinen kleinen, runden, hellgrünen Blättchen in meinen Händen halte und sehe, wie vollkommen die Pflanze in sich ruht – wenn ich das ruhige Wandern der Sterne über mir sehe, mit ihrem tiefen Glanz, der jetzt mit dem kommenden Herbst sich verstärkt – dann spüre ich auch im tiefsten Herzen, wie unser Weg verknüpft ist – zutiefst verbunden.*

Hast Du auch eine so große Sehnsucht nach Wald und Bergen und Meer? Einmal wach zu werden in der Früh, wenn noch Nebel draußen zwischen den Bäumen hängt. Weit, weit von der Stadt. Und durch einen schweigenden, regenfeuchten Wald zu gehen – nichts zu hören als das leise Rascheln des Laubes unter den Füßen und das monotone Fallen der Tropfen auf Gras und Blätter, wenn ein fast unmerklicher Wind die Zweige bewegt. Dann hinaustreten auf eine Wiese oder vielleicht in die Dünen – ach ja, in die Dünen, und Krieg war nur ein Traum, und nun, wo man erwacht ist, kann man lächeln, atmen, noch Tränen in den Augen und weiß: alles, alles ist gut. Und dann geht man, der Fuß gleitet manchmal über das kärgliche Moos, hie und da ein Sandveilchen, man kann sich bücken und es betrachten und ein klein wenig streicheln, aber man läßt es stehen. Es wartet dort auf die Sonne, man spürt sie schon hinter dem Dunst und der Nebel färbt sich rosa und golden. Es riecht nach Salz und Gras und Wald und Brombeeren und das Herz klopft, während man steigt, denn gleich, gleich wird es daliegen, das Meer! Und soweit das Auge reicht, ist das Wasser und die Harmonie der Farben, und man kann die Arme ausbreiten und Licht und Luft und Sonne durch den ganzen Körper strömen lassen und sich eins fühlen und gereinigt und gesegnet. Wann, wann wird dieser Tag kommen, da ich diesen Weg gehen kann, den ich als Kind so oft gegangen bin? Aber es ist wie mit dem Schnee des letzten Jahres: die Dünen sind nicht mehr und keine Glockenspiele und so vieles, vieles nicht. Auch ich bin nicht mehr, die ich war – manchmal glaube ich, ich bin schon hundert Jahre alt, dann zähle ich nach. Es ist mir jetzt sehr häufig so, daß ich den Atem der Zeit spüre, dann ist es, wie wenn man im Sturme ging und keine Luft bekommt. Kennst Du das? So ist mir, wenn ich daran denke, was alles nicht mehr ist, was nie mehr sein wird. Les neiges d'autant. Immer wieder, immer wieder. Und ich habe die ganze Bedeutung, die ganze Bitterkeit dieses Wortes erkannt!

An diesem Tag war unsere kleine Tochter drei Monate alt. Jetzt will ich von ihr erzählen. Am 19. Juni 1942 war sie um 5 Uhr 43 zur Welt gekommen, im ersten Sonnenschein, beim Singen der erwachenden Vögel. Das kleine Mädchen war entzückend, es hatte rotblondes Haar. Die Schwestern nannten sie liebevoll „die Rote". Sie kam vierzehn Tage später als erwartet, hatte es dann aber sehr eilig.

Ich hatte mir um drei Uhr früh ein Taxi kommen lassen, und als ich dem Rudolfinerhaus näher kam, fing es schon an, Tag zu werden. Hinter den Türmen des Leopoldbergs färbte sich der Himmel rosig, und die Berge zeichneten sich wie blaue Silhouetten vom Himmel ab. Es war nur ein kurzer Blick, den ich im Fahren machen konnte, aber das Bild hat sich mir so sehr eingeprägt, daß ich es bis heute nicht vergessen habe. Auch diesmal zwang mich eine Venenentzündung, länger im Spital zu bleiben.

Als ich nach zehn Tagen mit meinem kleinen Mädchen im Arm nach Hause kam, war niemand da, der mich erwartet hätte. Am Abend versuchte ich, Leon in Bochum zu erreichen. Aber es gab damals noch nicht die Möglichkeit der Durchwahl. Eine Verbindung herzustellen war kompliziert, und da Leon kein eigenes Telephon hatte, mußte ich versuchen, ihn in dem Hotel, in dem er immer aß, zu erreichen. Er bekam ein Avis, aber die Verbindung kam wegen der Alarme nicht zustande, und so wartete er und geriet in Sorge. Als dann endlich das Gespräch, auf das ich so sehnsüchtig gewartet hatte, funktionierte, war er völlig enerviert, ohne Verständnis und gar nicht liebevoll. Ich fühlte mich fast schuldig, ihm diese Tortur angetan zu haben, aber ich muß gestehen, daß auch ich ein wenig Bitterkeit empfand. Es war die große räumliche Entfernung, die unser Tun und Denken auseinandergerissen hatte. Leons Urlaub war nur ein kleiner Trost, er konnte nichts an der Tatsache der Trennung ändern.

Weihnachten verbrachten wir diesmal zusammen mit den Kindern. Zwei Augenpaare schauten in das Licht der vielen Kerzen am Weihnachtsbaum, die Augen von Michael, der seine Schwester voll Liebe umgab und für den es der vierte Lichterbaum war, und die strahlenden Augen der kleinen Eleonore, gerade ein halbes Jahr alt. An der Spitze des Baumes befand sich der kleine Stern, mit dem wir schon unseren ersten Weihnachtsbaum in Berlin geschmückt hatten. Alles schien gut zu sein, Friede war in unseren Herzen, und das trotz Krieg und Elend und des Wissens um das Böse, das zur gleichen Zeit geschah. Aber vielleicht ist es die Lebenskraft selbst, die uns hilft, eine Mauer um uns zu bauen, um durchatmen zu können, um kurz an das unsterblich Gute glauben zu können.

Leon hatte nur einen kurzen Urlaub bekommen und mußte uns bald verlassen. Er hatte seine Schildkröte Diogenes mitgebracht, die in den ersten Tagen seiner Abreise ein wenig verloren durch die Zimmer spazierte und sich dann entschloß, ihren Winterschlaf zu beginnen. Im Frühjahr brachte ich sie nach Mödling, wo sie im Garten ein einsames Dasein begann, das aber nicht lange dauerte, denn sie fand bald eine Gefährtin – oder war es ein Gefährte – das haben wir nie feststellen können. Sie verschwand im Nachbargarten und erschien erst wieder mit zahlreichen Jungen.

Im Januar 1943 erkrankte Eleonore an einer Bronchitis. Anfangs schien es, als handelte es sich nur um eine harmlose Erkältung. Nach wenigen Tagen war sie wieder fröhlich und alles schien gut. Ich atmete auf, ging wieder in die Nationalbibliothek und stöberte nach Material für einen Vortrag.

Ich hatte große Sorgen um unsere Freundin Hedda Berger. Zweimal träumte ich von ihr, in der Nacht vor und nach ihrer erzwungenen Abreise. Es war ein seltsamer Traum. Wir wateten beide durch Schnee und durchschritten mit nackten Füßen einen Bach. Im Moment des Erwachens ahnte ich, daß es ihr Weg war.

Die Kriegsereignisse waren furchtbar. Die Tragödie von Stalingrad hatte mich stark deprimiert. Sie war der erste grauenhafte Anfang des Endes, das wir in Warschau geahnt hatten und dessen Ausmaß weit furchtbarer sein sollte, als man es sich vorstellen konnte.

Meine Ängste um Eleonore waren ein wenig zurückgegangen. Sie war lustig, konnte mit Vergnügen essen und bekam ihren ersten Zahn. Allerdings war ein leichtes Asthma geblieben. Der Kinderarzt sah keine Veranlassung zur Sorge. Ich umsorgte sie nach seinen Angaben, freute mich an ihrem Temperament, ihrem fröhlichen „dab-dab-dab". Kleine Fieberstöße, die kamen und gingen, glaubten wir, als Folgen des zweiten kommenden Zahns ansehen zu können. Aber am 9. März trat hohes Fieber auf. Asthma und hohes Fieber beim Zahnen, meinte ich, habe sie von mir geerbt. Am 12. März 1943 konnte ich wieder schreiben: *Enore ist fieberfrei und so übermütig, daß ich sie kaum auf dem Wickeltisch halten kann. Sie zwitscherte und krähte und lachte und zappelte.* Am 14. März bekam sie aber wieder so hohes Fieber, daß der Arzt sie zur Beobachtung in das Wilhelminenspital, dessen Vorstand er war, einwies. Seine Gründe, bessere Beobachtung, bessere Einstellung der Behandlung, leuchteten mir ein. Ich brachte sie also zu ihm ins Krankenhaus. Dort wurde sie von einer Schwester in Empfang genommen, die mit Eleonore hinter Glastüren verschwand. Ohne sie noch einmal sehen zu können, fuhr ich verzweifelt nach Hause.

Noch am Abend rief mich der Arzt an, um mir über ihr Befinden zu berichten. Sie hatte hohes Fieber, aber sie war ruhig. Am nächsten Tag sollte sie geröntgt werden. Ich durfte nicht zu ihr. Für die folgenden Tage erhielt ich einen Passierschein, damit ich meine Tochter täglich besuchen konnte. Aber ich durfte nicht zu ihr hinein, denn auf der Säuglingsabteilung wurden die Kinder nur hinter Glas gezeigt, um alle Infektionen auszuschalten.

In einem Raum befanden sich sechs Kinder, deren kleine Gitterbettchen durch Glaswände voneinander getrennt waren. Unsere Kleine, die stets zu weinen anfing, wenn ein fremdes Gesicht sich über sie beugte, wie sollte sie sich in einer so anderen Welt zurechtfinden? Ich konnte in den folgenden Nächten keinen Schlaf finden. Ich hatte das Gefühl, daß sie nicht verlassen ist, solange ich sie mit meinen Gedanken suchte.

Neue Angst hatte mich erfaßt. Die ständige Sorge um Leon, der in Bochum den Bombennächten ausgesetzt war, die ständig gegenwärtige Angst vor zunehmender Entfremdung, das Ausgeschlossensein von der Theaterarbeit hatten mich schon in einem kaum mehr erträglichen Maß seelisch angegriffen. Nun kam die würgende Angst um dieses Kind, das nun dem Schock des Fremden, der Verlassenheit ausgeliefert war, dazu. Das Röntgenbild hatte einen Verdichtungsherd auf der rechten Lunge gezeigt. Das Fieber blieb hoch, erst zwei Tage später fiel die Temperatur. Eleonore gehörte nun schon ganz den Schwestern, die sie zärtlich das „Lorli" nannten. Sie schien gottseidank sehr zugänglich. Wenn sie mich durch die Glaswand sah, lächelte sie. Ob sie sich tatsächlich an mich erinnerte? Dr. Rach, ein erfahrener Arzt, dem ich vertraute, versicherte mir, daß ihr Zustand gut sei und keine Gefahr bestünde. Endlich wurde mir ihre Heimkehr für die nächsten Tage in Aussicht gestellt. Dann passierte etwas, was ich mir heute nicht anders erklären kann, als eine Ausflucht des Arztes, um mir Schlimmeres nicht sagen zu müssen. Die Heimkehr mußte verschoben werden, da ein Baby eingeliefert worden sei, dessen Bruder mit Verdacht auf Masern auf der Infektionsabteilung lag. Eleonore bekam einen Darmkatarrh, und als der überwunden war, versagte ihr kleines Herz.

Der 25. März 1943 war ein sonniger Tag mit eisigem Wind. Seltsam klar ist mir die Fahrt ins Krankenhaus, das Umsteigen an der Bellaria in die Straßenbahn Nummer 46, die Erinnerung an meine weinroten Schuhe, einen ebensolchen Hut und an einen schwarzen Mantel. Ahnungslos war ich aufgebrochen, um Eleonore endlich nach Hause zu holen. Sie ging nach Hause an diesem Tag, aber nicht zu mir. Ihr Lächeln ist mir geblieben. Ihr Bettchen wurde auf die Terrasse gestellt und als Schutz gegen den Märzwind wurde ein Schleier über sie ausgebreitet, ganz wie zu Hause. Hatte sie sich danach gesehnt? Hatte sie Heimweh und war ihr jetzt, als sei sie wieder zu Hause? Dann schlief sie hinüber. Aber davon kann ich nicht sprechen – nur so viel, ich war bei ihr.

Die Tage danach, während alles geordnet werden mußte, erlebte ich in vollkommener Abwesenheit. Ich war es nicht, die da ging und alles ordnete – obwohl ich mich erinnere, alles getan zu haben – aber ich war es nicht.

1943 war der Krieg in seine schrecklichste Phase getreten. Hitlers Ideologie kannte keine Grenzen mehr. Alles und jedermann wurde geopfert. Der Krieg hatte sich wie ein großes Flammenmeer über Europa ausgebreitet. Bochum erlebte entsetzliche Nächte. Die Angst und die Leiden der Menschen waren furchtbar. Aber nichts konnte die Maschinerie der Nationalsozialisten aufhalten, die wie ein Letztes Gericht Freund und Feind vernichtete, bevor sie zusammenbrach.

Wie habe ich um Leon gebangt und mußte noch glücklich sein, ihn nicht an einer der Fronten zu wissen. Um meine Eltern hatte ich ebensolche Sorge. In meinen Briefen blieb ich vorsichtig, vieles war verschlüsselt, da es vorkam, daß sie zensuriert wurden. Ich nannte daher keine Namen von Freunden, die gefährdet waren.

Einmal bekam ich von meiner Tante aus Holland einen zensurierten Brief, es waren Teile herausgeschnitten, aber ich konnte noch sehr gut lesen, worum es ging (auch das war wohl nicht ohne Absicht gemacht). Sie schrieb mir, daß viele Menschen evakuiert wurden, darunter auch die alte Hausschneiderin, die für uns Kinder die Kleidchen genäht hatte, und daß so viele die Umsiedlung nicht überlebten. Das war deutlich genug. Es handelte sich also um Deportationen.

Einmal erzählte ich Leon in einem Brief, daß ich zu meiner Überraschung im Zimmer unseres Mädchens das große Bild „unseres liebsten Freundes" fand. Ein Hitlerbild also. Entlassen konnte ich sie nicht, denn diesen Grund konnte ich wohl kaum angeben. Aber aus Krankheitsgründen verließ sie mich bald selbst.

Eine Hoffnung tat sich auf: ein Engagementwechsel, der Leon in unsere Nähe gebracht hätte. Aber die Stelle zu wechseln war in jener Zeit mit der Gefahr der Einberufung verbunden. Leon hatte mir von diversen Anfragen geschrieben, und nach dem Sommerurlaub 1942 hatte ich mich monatelang um die Realisierung der „Insel" bemüht. Ich sah mir Lokale an, verhandelte mit den Hausbesitzern, mit den Mietern der Lokale, in dem einen Fall war es die Polizei, im anderen die Wehrmacht. Ich ging von Pontius zu Pilatus, setzte alle in Bewegung: das Stadtbauamt, das Kulturamt, den Architekten. Verhandelte wegen Beleuchtungsapparaten, ließ Pläne anfertigen, war im Herbst 1942 nicht davor zurückgeschreckt, den Stadtkommandanten von Wien vor die Frage zu stellen, ob er bereit sei, das Porr-Haus zu räumen, damit wir dort unsere „Insel" eröffnen könnten. Nicht zu vergessen meine Mühe, Geld für dieses Unternehmen aufzutreiben. Aber natürlich verlief alles im Sand. Denn es war Krieg, und bei aller Energie wäre es nie zu einer Spielerlaubnis gekommen. Es war ja tatsächlich ein Wahnsinnsprojekt. Was hätten wir spielen können, mit wem hätten wir spielen können? Aber ich wollte unbedingt wieder zusammen mit Leon arbeiten, sodaß ich meine inneren Bedenken zum Schweigen brachte. In den Briefen aus jener Zeit sind alle meine Bemühungen dokumentiert.

Inzwischen war der Sommer gekommen. Michael war blaß, und ich war erschöpft. Ich beschloß, mit Kind und Kegel zehn Tage nach St. Peter zu fahren. St. Peter war jener kleine Ort, wo wir im Sommer 1939 so glückliche Tage verbracht hatten. Ich mietete zwei Zimmer in einem kleinen, auf einer Anhöhe gelegenen Haus, das der Pfarrersköchin gehörte. Lisl, Michael und ich waren die einzigen Bewohner. Das Häuschen hatte weder Gas noch Strom noch Wasser. In der Küche stand ein kleiner Herd, der mit Holz schnell und problemlos zu heizen war. Vor dem Haus sprudelte ein klarer Brunnen, und eine Petroleumlampe stand uns für die Beleuchtung zur Verfügung. Die beiden Zimmer waren groß, hell und sauber, und die breiten Fenster boten eine wunderbare Aussicht. Ich war glücklich, und Michael war ebenso glücklich. Einen Haken hatte die Sache allerdings: Es haperte mit der Verpflegung. Am ersten Tag pilgerten wir von Hof zu Hof, um Milch zu bekommen. Ohne Erfolg. Erst am Abend bekam ich gegen Lebensmittelmarken dreiviertel Liter und die Zusage, daß ich mir gegen Abgabe meiner Zusatzmarken täglich Milch holen könne. Von Butter oder Eiern keine Spur, ebensowenig von Gemüse oder Kartoffeln. Im nahegelegenen Aspang freilich gab es einen Markt. Aber wie sollte ich dorthin kommen? Der Omnibus fuhr nur einmal am Tag, zu Fuß aber waren es gute zwei Stunden. Wir gingen also in den Wald und suchten Schwämme und fanden zur unermeßlichen Freude Michaels Walderdbeeren, Brombeeren, Heidelbeeren. Der liebe alte Pfarrer – wie aus einer Stiftererzählung – nahm sich meiner an, als er mich einmal beim Pilzesuchen beobachtete und meine Ahnungslosigkeit sah, mit der ich über die besten Schwämme hinwegging. Unter seiner Leitung suchte ich also unser Essen zusammen. Freilich verhielten sich die Bauern aus einem ganz bestimmten Grund besonders ablehnend, denn sie sahen in mir nur eine „Deutsche". Ich wurde sogar direkt darauf angesprochen, aber meiner Erklärung, daß ich seit 15 Jahren in Wien lebte und mit einem Wiener verheiratet sei, wurde wenig Glauben geschenkt. Und ich hatte mich doch so bemüht, nicht Reichsdeutsch zu sprechen. Eine Anflegelung war mir übrigens schon in Wien passiert. Ich fuhr mit Michael in der Straßenbahn. Ein Mann, der neben mir saß, hörte wohl zu, als ich einiges zu meinem Kind sagte. Er sprang mit seinem kleinen Sohn auf und sagte laut: „Kumm, gemma, neben der Piefkinesin bleiben wir nicht sitzen!" Ich rief ihm nach: „Ich kann mir ja kein

Schild umhängen, daß ich Österreicherin bin!" Das wiederum rief den Unmut anderer Fahrgäste hervor, sodaß ich es vorzog, bei der nächsten Haltestelle auszusteigen.

Aber hier in St. Peter schmerzte mich die Ablehnung besonders. Solche Irritationen hielten bei mir allerdings nicht lange an. Ich war zu glücklich dort oben, auch wenn mein seelisches Gleichgewicht nicht ganz ungestört war. Leon zog Verhandlungen mit Graz, wie mir schien, unnötig hinaus, und ein Brief an ihn zeigt deutlich, mit welcher Unruhe ich auf einen noch weiteren Verbleib in Bochum reagierte. Ich wußte sehr wohl, daß ihn manches dort festhielt, und ich schrieb: *Meinst Du nicht, daß Deine Frau und Dein Kind ein gewisses Recht darauf hätten, Dich in weniger gefahrvollem Gebiet zu sehen? Ich weiß, der Schrecken und das Grauen, das gemeinsam erfahrene Unglück bindet Dich mehr als alles andere.* Trotzdem vermied ich es, ihm zu einer Beschleunigung der Verhandlungen zu raten.

Eine zweite Sorge hatte sich dazugesellt: Mein Vater war schwer erkrankt, und ich überlegte, ob ich zu ihm reisen könne. Es war eine Frage des Geldes. Der Urlaub hatte trotz der bescheidenen Unterkunft und der ebenso bescheidenen Mahlzeiten mein schmales Budget schwer belastet. Leon besuchte meinen Vater, der sich zum Glück noch einmal erholte.

Aber der Aufenthalt in St. Peter ließ mich alle gegenwärtigen Sorgen vergessen. Ich las, träumte, spielte mit Michael, der wie ich das Leben auf dem Land genoß. Eines Tages war es dann so weit, unsere aus Wien mitgebrachten Vorräte waren zu Ende, und ich mußte nach Aspang zum Einkaufen.

Am 1. Juli 1943 schrieb ich an Leon: *Ich war also in der Früh in Aspang. Kurz nach sechs Uhr bin ich losgestiefelt. Es war noch ein wenig nebelig, wie feiner Regen fiel er auf mein Haar, aber der Wald war schon wach, als ich die Straße zum Omnibus hinunter-*

schritt. Und als ich unten war, machte die Sonne den Versuch, mir aus den Nebelwolken zuzulächeln. Der Omnibusschaffner, diesmal sehr freundlich, verschaffte mir sogar einen Sitzplatz. Schon um viertel nach sieben Uhr waren wir in Aspang. Das ist ja ein reizendes Städtchen, so unglaublich sauber. Ich machte meine Besorgungen, und auf dem Marktplatz standen zwei Bulgaren und boten ihr Gemüse feil, das sie in der Nähe von Aspang in einem eigenen Garten züchteten. Ich fragte bescheiden, ob etwas und was markenfrei sei. Worauf ich die lachende Antwort bekam: alles. Leon, so ein herrliches Gemüse, so schön sauber geschlichtet, man hätte direkt hineinbeißen wollen. Wenn ich an das zweitklassige Grünfutter denke, das wir, wenn überhaupt, in der Stadt bekommen. Ich habe zugegriffen: ganz kleine, feine Karotterln, Kohlrabi, Porree, Petersilie und Radieschen! Und all das zart und jung. Zwar war mein Netz schwer geworden, aber nachdem ich Butter und Margarine gekauft hatte, für Michi etwas Kalbsleber, für eine Nachbarin auch etwas Fleisch, holte ich mir in einer schönen alten Backstube, über deren Eingang ein kipferltragender Löwe und die Jahreszahl 1759 standen, herrlich frische Semmeln. Im Vorbeigehen warf ich zwei Briefe für Dich in den Kasten und wanderte um Schlag halbneun hinaus aus dem Städtchen nach St. Peter. […] Schließlich sah ich den schönen und freundlichen „Farnerhof", wo wir gestern einen Liter Milch bekamen und wo ich Samstag nochmals etwas bekomme. Wenn ich dort Zigaretten hergeben könnte, bekäme ich sicher Eier! Aber leider habe ich nicht eine mitgehabt, und zum Schicken ist es schon zu spät. Wenn ich wieder einmal nach St. Peter komme, werde ich es überhaupt leichter haben, denn wenn sie einen kennen, werden sie aufgeschlossener, die Bauern. Nur, daß ich überall „die Deutsche" bin, kränkt mich bitter, weil ich überall über die deutschen Frauen, die vor allem in Aspang sind, schimpfen höre! Nun aber zurück zu meiner Wande-

rung, die gleich zu Ende ist, denn da ist schon der „Schlenter-Kogelbauer", bei dem wir damals Honig kauften. Ich bin gleich bei der Schule, und oben am Berge sehe ich schon unser Haus – „die Villa" nennen es die Bauern – und höre ich nicht schon ein Lachen? Rasch den Berg hinauf, von weitem rufe ich „Michael!", deutlich höre ich sein Stimmchen. Dann halte ich ihn in meinen Armen, so als wäre ich lange, lange Zeit weg gewesen, und dabei ist es doch erst elf Uhr. Ich packe vor staunenden Augen meine Schätze aus, und damit ist mein Brief eigentlich schon zu Ende!

Wenige Tage nach diesem Brief kam auch das Ende unserer durchsonnten Tage in St. Peter. Es dauerte nun nicht mehr lange, und der so heiß ersehnte Urlaub brachte Leon auf kurze Zeit nach Wien. Inzwischen bekamen wir aber auch „Besuch", es gab jetzt meist um die Mittagsstunde immer öfter Alarm. Ich packte also Koffer für den Keller.

In Bochum war die Hölle los. Auch Leons Wohnung wurde getroffen. Eine Granate schlug im Dach ein, ging durch sein Bett hindurch in die darunterliegende Wohnung, wo sie liegenblieb, ohne zu explodieren.

Michael ging damals mit großer Begeisterung in einen englischen Kindergarten, der am Rennweg lag. Ich sorgte immer dafür, ihn pünktlich um zwölf Uhr abzuholen, da um diese Zeit Bombenalarme zu erwarten waren. Als ich an einem Sonntag zu einem Hochamt mit einem herrlichen Oratorium in die Karlskirche ging, gab es während der Messe Alarm. Nur wenige Menschen ließen sich vom Gottesdienst abhalten. Beim Hinausgehen sah ich in die ernsten und in Andacht versunkenen Gesichter der Zurückbleibenden. Ich erreichte meine nahegelegene Wohnung noch rechtzeitig, um bei Michael zu sein. Immer wieder wurde die Frage nach Evakuierung der Kinder gestellt. Das Gerücht von einer Kinderverschickung nach Polen machte die Runde. Ich hätte mich geweigert, mich von meinem Kind zu trennen. Ich war entschlossen, in Wien zu bleiben, unter allen Umständen, und mit meinem Kind.

Geldsorgen waren an der Tagesordnung. Die getrennten Haushalte machten das Leben teuer. Eine kleine Erleichterung brachte der Unterricht, den ich gab. Ich brachte Schulkindern „sauberes Sprechen" bei, und nach einiger Zeit wagte ich mich an die sprachliche Ausbildung von Schauspielschülerinnen. Ich bereitete mich mit viel Verantwortung auf diese Kurse vor. Was ich zu sagen hatte, wußte ich ungefähr, aber das System fehlte mir. Ich lernte selbst sehr viel dabei. Ich setzte mich auch mit der philosophischen Bedeutung der Sprache auseinander. In der „Einführung in die Philosophie" von Wilhelm Jerusalem fand ich einen Satz, der mir meine Anschauung von der Sprache zu bestätigen schien: *Der Begriff wird durch ein symbolisches Zeichen, meist ein Wort, im Bewußtsein festgehalten.* Nichts anderes hatte Schlesinger uns gelehrt. Das Wort erzeugt ein Echo in uns, dem wir zuhören müssen. Aber wir haben uns angewöhnt, in unserer Umgangssprache zu „reden". Die Worte wurden zu leeren Hülsen, sie wurden abgegriffen und schal. Der Sinn des Sprechunterrichts liegt daher in der Bewußtmachung des Begriffes, der in jedem Wort enthalten ist und der eine lebendige Erfahrung wiedergibt. So liegt Sprechunterricht nahe dem Schauspielunterricht, man kann es fast nicht trennen. Denn ein richtig gesprochenes Wort ist auch ein ausdrucksstark gesprochenes. Die Beschäftigung mit dem Sprachunterricht wurde für mich wie ein Geschenk des Himmels. Diese Konzentration auf das Wort half mir, auch in anderen Situationen konzentriert zu sein. Brachte mir dieser Kurs im Konservatorium auch ein wenig Geld, so machte er mir in anderer Hinsicht Sorgen. Ich unterrichtete an zwei Wochentagen in meiner Wohnung. Und dafür mußte ich natürlich mein Arbeitszimmer heizen, und hierin lag das Problem. Meine Kohlenzuteilung war sehr gering, ich konnte bestenfalls ein Zimmer heizen und das nur sehr mäßig. Wie oft habe ich gefroren. Und nun mußte ich von dieser knappen Ration auch noch den kleinen Eisenofen, den ich mir für diesen Zweck von der Mama ausgeborgt hatte, zweimal in der Woche füttern. Kohlenklau kämpfte mit Melpomene – aber sie hat gesiegt, wenn auch mit Gänsehaut.

Die Kriegstragödie erreichte ihren Höhepunkt. Seit Stalingrad versank Europa in Feuer und Asche. Die Behörden versagten. Die Versuche, Kinder zu evakuieren, waren planlos, verwirrten und ängstigten die Bevölkerung. Ich hatte bisher jeden Gedanken ausgeschlossen, mit Michael wegzugehen, aber es schien, als wollte man uns dazu zwingen. Im Januar 1944 wurde es ernst. Die Kinderverschickung hatte begonnen. Falls man sich weigerte, sich von seinem Kind zu trennen, war es den Lehrern bei Strafe verboten, die daheimgebliebenen Kinder privat zu unterrichten. Das führte nicht selten zu schweren Konflikten zwischen Ehepaaren. Die Kinder waren oft bis zur Erkrankung verängstigt. Für sensible Kinder war die Trennung vom Elternhaus in dieser gefahrvollen Zeit ein grausamer Schock, der sich noch nach Jahren in psychischen Störungen bemerkbar machte. Unseren Michael betraf diese Aktion ja noch nicht, aber die Gefahr der schweren Angriffe war da, und ich wurde unruhig. Wie sollte ich mich jetzt entschließen? Sollte auch ich mich um ein Quartier umschauen? Sollte auch ich Haus und Habe verlassen wie so viele andere? Ich begann, meine Fühler nach einer Bleibe auszustrecken. Aber ich wußte nur zu gut, daß es nirgends Sicherheit gab und daß man seinem Schicksal nicht entgehen kann. So blieb es denn auch bei meinem ursprünglichen Entschluß, Wien nicht zu verlassen.

Leons Verhandlungen mit Graz hatten zu einem Regiegastspiel geführt. Er sollte *König Lear* inszenieren. Am 24. November 1943 war er in Graz angekommen, knapp vor Weihnachten hatte die Premiere stattgefunden, Weihnachten hatte er bei uns verbracht, unmittelbar danach ging er zurück nach Bochum.

Natürlich war ich während der Proben mit Michael mehrmals nach Graz gefahren. Die Cordelia wurde von einer jungen, hochbegabten Schauspielerin gespielt: Eva Zilcher. Als das Theater in Graz geschlossen wurde, kam sie nach Wien, wo sie mit ihrer Mutter ganz in meiner Nähe wohnte. Nach dem Ende des Krieges war sie eine Getreue im Ensemble der „Insel in der Komödie".

Sie war eine Freundin, die ich in späteren Jahren immer wieder im Wilhelminenspital besuchte, bis sie ihrer schweren, mutig ertragenen Krankheit erlag.

Obwohl die Probenzeit in Graz nur kurz bemessen gewesen war, hatte es doch gut getan, bei Leons Arbeit wieder zuschauen zu dürfen, die uns das Gemeinsame wiederfinden ließ.

In Wien wandte ich mich den Büchern zu, der Philosophie, der Geschichte, der Geistesgeschichte, der Religionsgeschichte. Ich saß in der Nationalbibliothek am Josefsplatz im alten, schönen Saal mit den grünen Lampen, durchstreifte die Welt mit ihren verschiedenen Kulturen und fand ein großes Glück dabei.

Diesmal standen sieben Monate Trennung vor uns, und es war unsicher, wie es in der nächsten Saison weitergehen würde. Ob Leon nach Graz kommen konnte, hing davon ab, ob Saladin Schmitt und die Stadt ihn freigeben würden. Wie ein Damoklesschwert hing die Einberufung über allen diesbezüglichen Verhandlungen. Dann kam der Tag, an dem die Entscheidung fiel: Der Weg nach Graz war frei, und der Vertrag als Schauspieldirektor wurde abgeschlossen.

Ich machte mich auf den Weg über den Semmering, um für Leon eine Wohnung zu suchen. Inzwischen hatte auch er selbst das Gefühl, daß seine Zeit in Bochum ein inneres Ende gefunden hatte. Er machte noch einige Inszenierungen, bei denen es große Schwierigkeiten gab. Die Stimmung im Theater war gereizt. Die Alarme waren zerstörerisch geworden, die Proben mit Kollegen, die übermüdet und entnervt waren durch die ständig unterbrochene Nachtruhe, um dann, wenn die Proben kaum angefangen hatten, wieder in den Keller zu müssen, waren kaum zu ertragen. Ein paarmal fuhr Leon nach Bonn, um meine Eltern zu besuchen.

Lese ich heute unsere Briefe von damals, dann spüre ich die große Harmonie, die sich in ihnen trotz allem mitteilt. Es waren Gespräche mit einem unsichtbaren Partner, dessen Bild man vor sich aufbaute. Ein Bild, ungetrübt durch den täglichen Kleinkram, durch Ärger oder Nervosität, die im häuslichen Zusammenleben oft zu Spannungen führen. Diese Briefe erzählen von allen Wünschen und Sehnsüchten, von dem täglichen Ringen und der Hoffnung nach einer Welt des Friedens. Briefe, die über die lange Trennung hinaus das Glück fühlen lassen, trotz allem einen gemeinsamen Weg zu gehen. Briefe, die voller Dankbarkeit und Liebe sind, aber auch voller Kummer und Sorgen.

Mitte Juli 1944 beendete Leon seine Arbeit in Bochum. Am 19. August 1944 trat er sein Engagement als Schauspieldirektor in Graz an. Am 23. August fand die Leseprobe für *Kabale und Liebe* statt, am 24. August die Stellprobe und am 25. August wurde die Sperrung aller Theater verfügt. Am 26. August war Leon wieder in Wien, und am 2. September kam das, was wir schon lange befürchteten, die Einberufung.

Am 3. September 1944 um 11 Uhr 20 sah ich dem Zug nach, der ihn mir entriß. Die erste Station war Budweis. Ich mußte herzlich lachen, als nach zwei Tagen ein Telephonanruf Leons kam, mit der dringenden Bitte, ihm sofort einen Band Goethe zu schicken, da er eine Aufführung und einen Vortragsabend plane.

Die eigentliche militärische Ausbildung hatte noch nicht begonnen, Budweis sollte nur eine Durchgangsstation sein. Leichtere Übungen am Vormittag machten Proben am Nachmittag möglich. Man spielte also Theater, hielt Vorträge, musizierte. Alle Kollegen wurden zu einem Künstlerzug zusammengefaßt, kurz K-Zug genannt. Nach und nach löste sich das Lager auf, aber der K-Zug blieb erhalten, erst später kam er nach Neuhaus, wo die Gruppe zur Truppenbetreuung eingesetzt wurde. Epp inszenierte dort *Die Mitschuldigen* von Goethe und las bei Vortragsabenden. Inzwischen waren die Zustände an den Fronten chaotisch geworden. Budapest war aufgegeben. Solche Nachrichten drangen durch.

Bei Leon hatten sich Beschwerden am Herzen und an den Beinen eingestellt, er wurde daraufhin zum Telephondienst eingeteilt. Zweimal brachte ihn diese Stellung auf 48 Stunden nach Wien. Welche Seligkeit für uns alle. Am 12. Dezember 1944 wurde Leons Gruppe abermals verlegt. Es ging nach Chrudim. Der K-Zug wurde aufgelöst, Leon zum Bodenpersonal der Luftwaffe eingeteilt. Der Dienst wurde schwerer. Die Truppe sollte einen Flughafen fertigstellen, der zwei Stunden von Chrudim entfernt inmitten von großen Wäldern in einem Talkessel lag. Auf der einen Seite des Tals befand sich die Luftwaffe, auf der anderen Seite die SS und in den Wäldern waren Partisanen. Der Winter war hereingebrochen mit unendlich viel Schnee. Die Arbeit war hart: Bäume fällen, transportieren, im Steinbruch arbeiten.

Es war bezeichnend für Leon, daß er die ganze Zeit ohne Hoheitszeichen auf seiner Uniform geblieben ist. Er hätte es bei Übernahme der Uniform aufnähen sollen. Er tat es nicht und kam bei allen Vorträgen und anderen Arbeiten ohne dieses „Hexenzeichen", wie er es nannte, durch. Sein Oberstleutnant bemerkte es, tat aber nichts dagegen. Dieser Oberst, ein Ostpreuße aus alter Familie, muß eine sehr integre, sehr kultivierte Persönlichkeit gewesen sein. Als Vorgesetzter verhielt er sich seinen Männern gegenüber wie ein Freund, er fühlte die Verantwortung, die er ihnen gegenüber hatte, und er half, wo er konnte.

Meine Briefe adressierte ich nun an *Flieger Leon Epp – Budweis, Feldpostnummer L 06961 (K-Zug)*. Ich schrieb sie an meinem großen, runden Tisch, den ich zu hassen anfing. Dieser Tisch war gebaut, damit sich eine Familie um ihn versammeln sollte. Nun war ich schon so lange allein, daß mir meine einsamen Mahlzeiten nicht mehr schmeckten. *Wie lebt doch jetzt der Mensch*, schrieb ich an diesem Tisch, *oft muß ich die Türe in jene Finsternis und Angst gewaltsam zumachen und mich zwingen, nicht weiterzudenken.*

Der September brachte schwere Angriffe auch für Wien. Die Schäden waren erheblich. Die Gaswerke waren getroffen, und wir hatten nur noch stundenweise Gas, was für alle, die nur mit Gas kochen konnten, große Schwierigkeiten mit sich brachte. Ich hatte aber befreundete Nachbarn, die noch einen altmodischen Herd besaßen, den man mit Kohle heizen konnte. Ich erwartete wieder in Baby. In welche Zeit würde dieses kleine Wesen kommen?

Das Haus, in dem meine Eltern seit ihrer Rückkehr nach Deutschland lebten, wurde im September 1944 von einer Bombe getroffen. Hastig flohen sie zu mir und standen mitten in der Nacht am Bahnhof. Das Telegramm, das mir ihre Ankunft hätte mitteilen sollen, war nicht angekommen. Wochenlang mußte ich kämpfen, damit meine Eltern bei mir wohnen durften. Ich war zwar verpflichtet, Bombengeschädigte bei mir unterzubringen, das galt aber nur für Wiener, nicht für Leute von auswärts.

Am 12. März 1945 saß ich gerade mit den Füßen im Wasser bei meinem Pedikeur in der Operngasse, als die Sirenen heulten. Ich überlegte, ob ich nicht in den nahegelegenen Luftschutzkeller der Albertina gehen solle, aber ich wußte, daß meine Eltern zu

Hause allein mit Michael waren und sich um mich sorgten. So schnell ich konnte, lief ich nach Hause. Das war vielleicht meine Rettung, denn dieser furchtbare Angriff traf die Albertina, die Staatsoper und den Philipphof, dessen Zerstörung eine besondere Tragödie war. Nie kann ich an dieser Stelle vorübergehen, ohne an die Menschen zu denken, die dort unten lebend begraben wurden, weil man nicht an die Ausgänge herankam, um die Eingeschlossenen zu befreien. Tagelang hatte man noch ihre Klopfzeichen gehört. Kinder waren dort unten, Frauen, alte Leute. An unseren Fenstern in der Johannesgasse zogen die Rauchwolken der brennenden Oper vorbei.

Die acht Monate, die Leon eingerückt war, brachten ihn in Grenzsituationen des Lebens. Wenn er im Wald arbeitete, konnte er das dumpfe Näherkommen der Geschütze hören. Es wurde furchtbar kalt. Der Weg von der provisorischen Behausung zum Flugplatz betrug sechs Kilometer. Zum Essenfassen mußte er wieder eine halbe Stunde laufen. Seine Bein- und Herzbeschwerden wurden stärker. Er konnte sich kaum mehr weiterschleppen. Für zwei Tage wurde er zur Untersuchung nach Prag geschickt. Als die Befunde kamen, bedeutete das seine sofortige Überstellung in ein Prager Lazarett. Doch vorher kam er nach Wien. Es muß um den 23. März 1945 herum gewesen sein. Er sollte einen Waggon übernehmen. Sein Oberstleutnant hatte ihm diesen Auftrag gegeben, da er wohl wußte, was Leons Anwesenheit in diesen Tagen, da ich das Baby erwartete, für uns alle bedeutete. Leon war aber bereits dem Lazarett in Prag zugewiesen, so mußte er sein Ehrenwort geben, nach Chrudim zurückzukommen.

Aber der Waggon kam in Wien nicht an und das Baby auch nicht. Zweimal pilgerte ich von Leon begleitet in das Sanatorium Auersperg, jedesmal wurde ich wieder nach Hause geschickt. Das Auersperg war von meiner Ärztin ausgesucht worden, weil das

Rudolfinerhaus von einer Bombe getroffen worden war und für Geburtshilfe nicht mehr zur Verfügung stand. Das schöne Zimmer im Auersperg konnte ich aber nur kurz bewohnen, denn alles war schon in die Keller verlegt worden, teils wegen der Bombengefahr, teils weil die Russen sich Wien näherten.

Ostern kam. Am 31. März, dem Karsamstag, besuchten wir noch die Auferstehungsfeier im Stephansdom. Es war das letzte Mal vor seiner Zerstörung einige Tage später.

Am 1. April 1945 wurde Wien zur offenen Stadt erklärt. Frauen und Kinder wurden aufgefordert, die Stadt zu verlassen. Am Dienstag, dem 3. April, entschloß sich Nikolaus, zur Welt zu kommen. Zwei Tage später lag ich bereits im Keller des Palais Auersperg und mehrere Frauen mit mir. Jede von uns hatte neben sich das Wiegenkörbchen mit einem Neugeborenen stehen. Viele dieser Frauen flüchteten zwei oder drei Tage später nach Westen und liefen so wohl den heranrückenden Heeren in die Arme.

Leon holte mich mit dem Lieferwagen der Firma Nigst, deren Inhaber unter uns wohnte, ab. Zu Hause legte ich das kaum vierzig Stunden alte Baby meinem beglückten Vater in die Arme. Dann zogen wir mit Sack und Pack in den Keller. Die Russen warfen zwar keine schweren Bomben ab, aber auch die leichteren Bomben und der Tieffliegerbeschuß machten den Aufenthalt mit den Kindern im obersten Stock zu unsicher.

Am gleichen Tag noch reiste Leon ab, ich kann sagen: Er floh! Die SS-Streifen hielten jeden von seiner Einheit getrennten Soldaten auf und schickten ihn in die Kaserne auf den Küniglberg. Bisher hatte Leon diesen Militärstreifen noch ausweichen können, aber nun wurde er angehalten. Da man seinen Auftrag nicht anerkannte, wurde auch er auf den Küniglberg beordert. Zum Glück gelang es ihm zu entkommen.

Seine Rückreise nach Chrudim war aufreibend. Ständig holte die Militärpolizei Leute aus dem Zug. Leon wechselte mehrmals den Waggon und hielt sich so gut wie möglich versteckt. So kam er nach Chrudim zu seiner Fliegerhorstkompanie, wo ihn der Oberst nicht mehr erwartet hatte. Dieser schickte Leon nach Prag, wo er nach kurzer Zeit wehrunfähig geschrieben wurde. Er mußte sein Gewehr abliefern. Leon zerlegte es, entfernte einen Bestandteil, sodaß es nicht mehr funktionierte, und warf diesen Teil von der Karlsbrücke in die Moldau, bevor er die Waffe ablieferte. Wenigstens mit ihr sollte niemand mehr getötet werden. Mit dem letzten Zug kam er aus Prag heraus. Er fuhr bis Ischl, von dort – da es keine Züge nach Wien mehr gab – nach Graz. Hier war der Krieg für ihn zu Ende.

Die ersten russischen Soldaten

Und wie sah es bei uns aus? Wir lebten in einem Biwak. Wir hatten Betten und einen Ofen in den Keller geschafft, eine Petroleumlampe spendete Licht. Die Trennmauern zu den Nebenhäusern waren im Keller durchbrochen. Man konnte also, sollte man Lust dazu verspüren, einen Spaziergang durch die Häuser machen. Wir waren etwa zehn bis zwölf Personen, die dort unten Zuflucht gesucht hatten. Eine Volkssturmwache ging vor unserem Kellerfenster auf und ab. Der eintönige Rhythmus der Schritte war das einzige Geräusch, das von draußen hereinkam. Das Neugeborene lag warm und beschützt vor der Feuchtigkeit in seinem Körbchen, dicht unter Wolldecken verborgen. Michael fieberte. Es war nicht Krankheit, es war die Angst, die bei ihm nicht laut wurde. Ich holte den Arzt, der gerade bei meinem Vater war. Während er bei uns war, fiel eine Bombe auf sein Haus und zerstörte seine Ordination.

Am Abend des Tages, an dem Leon weggefahren und ich mit dem Kleinen nach Hause gekommen war, kam mein Schwager aus Mödling mit einem Rucksack, aus dem das zusammengerollte Bild seiner kleinen Tochter herausragte, um uns Adieu zu sagen. Er erzählte uns, daß seine Frau mit den Kindern am Morgen auf einem offenen Lieferwagen an einen Ort gefahren sei, der von der Bank, bei der meine Schwägerin angestellt war, als Zuflucht für ihre Angestellten reserviert war. Auf gut Glück folgte er ihnen. Ich war entsetzt, denn wir hatten meine Schwägerin oft davor gewarnt wegzureisen und sie gebeten, mit den Kindern zu uns in den Keller zu kommen. Nun waren sie also ohne Vorbereitungen, ohne Schutz vor der Kälte weggefahren und hatten ihr kleines Haus in Mödling unbewacht zurückgelassen.

In unserem Keller wurde alles unwirklich, man lebte, wie man nie gelebt hatte. Alle Instinkte, die man zum Überleben brauchte, waren erwacht. Alle Sinne, von denen man geglaubt hatte, die Zivilisation hätten sie zerstört, meldeten sich und waren zur Stelle. Das Muttertier war in mir erwacht, und ich vergaß darüber meinen Vater, der bereits in Bonn schwer erkrankt war und an einer Herzschwäche litt. Wir erhielten keine Erlaubnis, ihn ebenfalls zu uns in den Keller zu legen. Er blieb allein im ersten Stock zurück. Ein Vorwurf, den ich mir immer machen werde. Mutter blieb bei ihm, bis sie bei einem Fliegerangriff voller Angst zu uns kam. Mein Vater starb allein am 9. April 1945. Es war der Hochzeitstag meiner Eltern.

Am 10. April kamen die ersten russischen Soldaten ins Haus. Schreckliche Gerüchte waren ihnen vorausgegangen, aber sie waren höflich und gingen nur ihren Befehlen nach, die Wohnungen nach Waffen und Soldaten zu durchsuchen. In der Nacht weckte uns aber ein Offizier und vertrieb uns aus unseren Betten, weil er und seine sechs Leute sich ausschlafen wollten. Als ich ihnen mit dem acht Tage alten Niki am Arm, dem kleinen Michael an der Hand und gefolgt von meiner verstörten Mutter entgegenkam, bedeuteten sie mir, ich könne mit den Kindern und der Babuschka bleiben. Wir zogen es vor, mit den anderen zu gehen. Am nächsten Morgen fragten sie, ob wir Angst vor ihnen hätten. Ich verneinte. Sie meinten, wir hätten auch keinen Grund dazu, sie seien nur die Vorhut, aber vor denen, die nach ihnen kämen, sollten wir uns in acht nehmen.

Das einzige, worauf sie bestanden, war das sofortige Begräbnis meines Vaters. Wir begruben ihn im Stadtpark. An der Ecke Ring – Johannesgasse steht das Canon-Denkmal. Dahinter schaufelten zwei Männer aus unserem Haus unter frühlingsgrünen Bäumen ein Grab. Dort legten wir meinen Vater in die Erde. Einen Sarg hatten wir nicht, nur eine grüne Wolldecke. Im Augenblick, da wir ihn hinunterließen, wurde die sogenannte Stalinorgel, die im Stadtpark aufgestellt war, abgefeuert. Ein Feuerstrahl flog über uns hinweg. Eine Ehrensalve für den alten Mann, der hier seine letzte Ruhe finden sollte. Als wir die paar Schritte zurück nach Hause gingen, fing es an zu regnen. Es regnete die ganze Nacht.

Die Russen hatten sich die Lokalitäten, die an der Straße lagen und in denen wir unsere Habseligkeiten in Koffer verpackt untergestellt hatten, aufsperren lassen, um dort eine Art Barbierstube zu errichten. Als sie abzogen, blieben die Räume unversperrt zurück und freundliche Zeitgenossen – nicht die Russen! – nahmen die Gelegenheit wahr, um einen Raubzug zu unternehmen. Unsere Koffer wurden aufgebrochen und brauchbare Kleidungsstücke entwendet. Es hätte schlimmer ausfallen können, denn es waren dort auch Silbersachen und Bilder aufbewahrt. Geld hatte seinen Wert verloren. Man mußte sich auf Tauschhandel einstellen.

In unserer Straße standen Panjewagen mit kleinen Pferden davor. Da die SS sich auf der anderen Seite der Donau verschanzt hatte, kamen von dort vereinzelt Geschosse. Eines hätte fast meine Nachbarin das Leben gekostet, da es neben ihrem Fenster landete, gerade als sie hinunterschauen wollte. Ein anderes aber traf eines der kleinen Pferde. Es mußte notgeschlachtet werden, und da ein Fleischer in der Nähe war, konnten wir uns ein wenig frisches Pferdefleisch holen.

Was für eine Zeit! Gas und Wasser gab es nicht. Das Wasser zum Waschen der Windeln mußte man aus den Betonzisternen holen, die auf den Straßen errichtet waren. War Gefahr im Anzug, wurden von Haus zu Haus mit Kochtöpfen und Deckeln Signale gegeben. Es war ein unheimliches Geräusch in der Nacht. Doch über allem stand der Gedanke, daß der Friede nah sei, aber auch die Sorge um die, die noch fern waren und über deren Los man nichts wußte.

Wo sollte ich Leon suchen, hatte er das Lazarett erreicht? In unserem Hausflur stand ein Panjewagen mit einem Pferdchen. Ein älterer, freundlicher Soldat, ein Georgier, lebte dort. Er bewachte uns und unser Haus, sorgte für unsere Sicherheit. Kam jemand von uns Hausbewohnern heim, begrüßte er uns, hielt ein Schwätzchen und wir mußten einen Schluck Wodka mit ihm trinken.

Unsere Wohnung war glimpflich davongekommen. Nur einige Fensterscheiben waren kaputt. Aber was bedeutete das schon? Sie wurden so gut wie möglich mit Karton zugemacht. Auch die Mama hatte in ihrer Wohnung in der Schönbrunner Straße alles gut überstanden. Von den Mödlingern hatten wir keine Nachricht. So machte ich mich auf den Weg dorthin. Es fuhren noch einige Straßenbahnen, bis Mauer ungefähr kam ich, von da mußte ich zu Fuß gehen. Ich fand das Haus unversehrt, aber ausgeräumt. Es war auch noch nicht von Russen besetzt, das kam erst später.

Eines Tages, es war noch April, meldete sich Herr Altmann, der Bühnenmeister der „Komödie". Er, seine Frau, ihr Sohn und der Kanarienvogel waren bei schweren Bombenangriffen zu mir in den Keller gekommen. Jetzt kam er, um mich zu mahnen, daß es Zeit sei, dem Herrn Epp die „Komödie" zu beschaffen.

Ich machte mich also an die Arbeit. Es war die Arbeit meines Lebens, die an jenem Tag im April 1945 begann und die mich bis Ende 1951 erfüllte.

Zeit des Glücks und der Dämonen

Mein erster Weg führte in das Rathaus, wo ich das Konzessionsgesuch für die „Komödie" einreichte. Hier gab es keine Hindernisse. Schwieriger war es, einen Pachtvertrag zu bekommen. Denn das okkupierte Haus hatte noch keinen neuen Eigentümer.

Als Leon am 30. Mai 1945 nach einer langen Odyssee nach Wien kam, war er über die von mir gemachten Schritte gar nicht erfreut. Er hatte damit gerechnet, sofort nach Graz zu fahren, um dort seine Tätigkeit als Schauspieldirektor aufzunehmen.

Das Haus der „Komödie" war am 12. März 1945 ausgebombt worden. Der Schutt von vier Stockwerken war auf das Theater gestürzt und hatte schweren Schaden verursacht. Die Decke des Zuschauerraums war beschädigt, die Decke zum Balkoneingang war eingestürzt und überall lag Schutt, im Hof lag er bis zum ersten Stock. Überall ragten Traversen heraus und überall lag Staub. Aber ich, eine Architektentochter, verschwendete daran keinen Gedanken, hier war das ideale Haus für unsere „Insel". Ich stellte mir nicht die Frage, ob das alles reparabel sei, ob wir Geld genug hätten, ob man überhaupt Arbeiter finden würde in dieser Zeit. Ich wußte: Hier werden wir verwirklichen, wonach wir so lange gehungert haben. Ich konnte schließlich auch Leon überzeugen. Er fuhr nach Graz, um seinen Vertrag zu lösen, und machte dort nur noch eine Inszenierung.

Während dieser Zeit verfolgte ich das Konzessionsgesuch und den Pachtvertrag. Beides bekam ich im Juli 1945. Die „Insel in der Komödie“ war Wirklichkeit geworden, allerdings nur für uns. Alle anderen hielten uns für Träumer, denn das Haus war wirklich nicht viel mehr als eine Ruine. Vom ehemaligen Fundus war nichts mehr übrig, alle Räumlichkeiten und der Zuschauerraum selbst waren zerstört. Der Vorhang war weg, die Beleuchtungsanlage sehr beschädigt. Wo sollte man da anfangen?

Mit nachtwandlerischer Sicherheit gingen wir an die Arbeit. Ich fand eine Baufirma, die am 9. Juli beginnen sollte. Die Arbeiter stocherten aber nur im Schutt herum und verschwanden auf Nimmerwiedersehen. Wieder begannen Verhandlungen mit Baufirmen, bis es uns endlich gelang, die Firma Rella zu gewinnen. Diese Firma übernahm zwar die Bauarbeiten, aber für den Abtransport des Schutts mußten wir selber sorgen. Daraus ergaben sich große Schwierigkeiten.

Jeden Morgen um sieben Uhr, nachdem ich meinen Kleinen versorgt hatte, mußte ich auf die jeweilige Kommandantur, um mir die Arbeitskräfte dafür freizukämpfen. Langsam begann sich dort, wo nur wir die Fata Morgana eines funktionierenden Theaters gesehen hatten, wieder ein Theater zu erheben. Freilich mußten dazu viele kleine und große Wunder geschehen.

Ich spielte in zweien der drei Eröffnungsstücke, die Leon alle selbst inszenierte. Die Stücke 2, 3, 1 wurden vormittags, nachmittags und abends geprobt. Stück 1 wurde deshalb am Abend probiert, damit ich tagsüber frei sein konnte, um alles herbeizuschaffen, was es eigentlich noch gar nicht gab. Abends hatte ich Proben für *Onkel Wanja*. Ich spielte die Elena Andrejewna. Meist war ich schon sehr erschöpft. Ich erinnere mich, daß mich Alfred

Stöger, unser Dr. Astrov, aufwecken mußte, als ich auf meinen Auftritt wartend hinter der Bühne eingeschlafen war.

Neben dem Theateraufbau gab es auch noch einen Haushalt, in dem es keine Heizmöglichkeit zum Kochen gab, wo niemand war, der sich um Nahrungsmittel anstellen konnte. Auch da mußte ich einspringen.

Beim Ausbau des Theaters fiel mancher Holzbalken ab, den ich mir schnappte. Gemeinsam mit unserem Mädchen schleppte ich ihn nach Hause, um ihn dann im Hof unseres Hauses zu zersägen. Wir kochten inzwischen auf dem kleinen Kanonenofen im Wohnzimmer. Meine Mutter war gottseidank bei uns. Ihre Situation hatte sich glücklich gelöst. Alle deutschen Staatsbürger mußten Österreich verlassen. Welch ein Gedanke, wenn meinen Vater auch das noch getroffen hätte. Wohin hätten diese beiden alten Menschen gehen können? Für Mutter allein ergab sich eine ungeahnte Möglichkeit. Da ihre Eheschließung im Jahre 1899 erfolgt war, konnte sie sofort ihre holländische Staatsbürgerschaft zurückbekommen. Sie wurde Niederländerin und hatte damit das Recht, sowohl bei mir in Wien als auch in Holland zu leben. Mutter blieb bis 1946 bei uns. Nikolaus, unser kleiner Niki, wurde ihre große Freude. Ihm schenkte sie ihre ganze Liebe und Sorge. Sie pflegte ihn, wachte über ihn, verwöhnte ihn. Sie hatte auch noch die Freude, unsere Arbeit am Theater zu erleben, die ersten Erfolge mitzumachen. Dann aber zog es sie nach Holland. Es war ein kalter Abend im Dezember, als wir sie abfahren sahen, schlecht ausgerüstet für eine lange Fahrt im Winter.

Mutter verließ uns zu einer Zeit, da die „Insel in der Komödie" ihre schönsten Erfolge hatte. In meinem 1974 erschienenen Buch „Glück auf einer Insel" habe ich die Geschichte dieses Hauses festgehalten, die Erfolge und den Untergang. Nur von einigen Stationen möchte ich hier erzählen.

Nach der Währungsreform ließ der Theaterbesuch in dem Moment nach, als es wieder mehr zu kaufen gab. Der Nachholbedarf der Bevölkerung an allen Gebrauchsgütern war groß und ging auf Kosten der kulturellen Genüsse. Ein Theaterbesuch kostete Geld, und das hatte man damals noch nicht so locker. Alle Theater bekamen das zu spüren. Für uns kam noch das Problem dazu, daß man amerikanische Stücke nur mit Devisenvorauszahlung bekam, und Devisen hatten wir nicht. Dadurch wurde die Spielplanbildung eingeengt. Die Auswahl an neuen Stücken war klein, außerdem war die „Insel" gerade durch ihr konsequent literarisches Repertoire bekannt und beliebt geworden.

So faßte Leon im Frühjahr 1948 den Entschluß, dem Haus ein Lustspieltheater anzuschließen. Das Renaissancetheater war frei geworden, und er trat mit diesem in Verhandlungen. Mit diesem Projekt war der Untergang der „Insel" vorprogrammiert. Ich wehrte mich mit allen Kräften gegen diesen Plan. An dem Tag, als Leon zur endgültigen Besprechung ging und seine Unterschrift geben sollte, fiel ich vor ihm wahrhaftig auf die Knie und flehte ihn an, es nicht zu tun. Er war nicht davon abzubringen und ließ mich in Tränen zurück.

Er hätte auf mich hören müssen. Die „Insel" war auch mein Kind. Ich hatte bis an den Rand der Erschöpfung für sie gearbeitet, ich hatte all die Zeit ihres Bestandes für sie gelebt. Und nun wurde dieses Theater, ohne auf meine Einwände zu hören, dem Wahn, mit jenem Lustspieltheater die „Insel" zu retten, preisgegeben. Genau das Gegenteil trat ein. Es kamen dort zwar sehr hübsche Aufführungen in bester Regie und mit sehr beliebten Schauspielern – ich nenne nur Hans Moser, Oskar Karlweis, Annie Rosar – zustande, die Stücke hatten auch Erfolg beim Publikum, aber trotzdem florierte das Theater nicht. Mit mehr als 200.000 Schilling Schulden mußten wir dieses Haus schließen.

Von Leon leichtfertig abgeschlossene Geldverträge – er hatte es nicht nötig gefunden, einen Anwalt in die Verhandlungen einzubeziehen, und machte alles auf der Basis des Vertrauens – bürdeten uns nicht nur diese enormen Schulden auf, sondern auch die Übernahme von Mitarbeitern im Renaissancetheater, die uns menschlich schwer zu schaffen machen sollte.

Im März 1950 wurde endlich das Kulturgroschengesetz beschlossen. Die Privattheater, die bisher mit eigenem Kapital und ohne alle Zuschüsse gearbeitet hatten, erhielten mit diesem Kulturgroschen eine Art Subvention. Für die „Insel" waren 20.000 Schilling bestimmt – zuviel zum Sterben und zuwenig zum Leben.

Unsere Schulden waren inzwischen auf ungefähr 500.000 Schilling gestiegen. Wir schuldeten sie der Krankenkasse, der Steuer und eben den Gläubigern des Renaissancetheaters. Mit den ersten Schulden, die wir nicht abdecken konnten, verloren wir unsere Sicherheit. Der Boden entglitt unseren Füßen, und es schien, als wendete sich alles gegen uns. Was wir anfaßten, wo wir eine Hoffnung erblickten, alles zerrann uns unter den Händen. Der uns in den ersten Jahren der „Insel" begleitende Erfolg hatte uns vor Aggressionen von außen geschützt. Alles schien geordnet: Der Weg führte uns von Johannesgasse 16 zu Johannesgasse 4 und zurück. Hier die Kinder, da das Theater. Das Theater warf zwar keinen, oder doch nur wenig Überschuß ab, unsere eigenen Gagen entsprachen dem mittleren Niveau der Gagen, die wir zahlten, Luxus konnten wir uns nicht leisten, aber zum einfachen Leben reichte es.

Nun war das auf einmal anders. Von allen Seiten stürmte es auf uns herein. Es war die Zeit der Dämonen, wie wir sie nannten. Sie zeigten sich überall, im Theater, in der Begegnung mit Menschen. Einen wahren Freund hatte ich noch im Unterrichtsministerium: Hofrat Wisoko. War nirgends mehr Hoffnung, dann wagte ich mich zu ihm. Stand ich vor seiner Tür und öffnete er sie, brummte er erst einmal: „Wie eine Wegelagerin stehen Sie da vor meiner Tür!“ Ich klagte ihm mein Leid, erzählte ihm, in welcher Zwangslage wir waren, und fast immer ging ich mit einem Versprechen, uns eine kleine Hilfe zukommen zu lassen.

Anders und viel schwerer war für mich der Weg ins Dorotheum. Wie oft bin ich ihn gegangen. Nach und nach brachte ich alles weg, was wir an Wertsachen besaßen: Schmuck, Uhren, kleine Kunstgegenstände – kurz: alles, was sich versetzen ließ, um ein paar Schillinge zu bekommen, womit man eine Lücke stopfen konnte.

Die Nächte brachten keinen Schlaf mehr, meine Nerven waren bis zum äußersten angespannt. Den Kindern ein Lächeln zu zeigen, erforderte so große Anstrengung, daß ich oft glaubte, es nicht mehr ertragen zu können. Und all das konnte das Ende der „Insel“ nicht aufhalten. Das Ensemble begann sich aufzulösen. Bis auf einige wenige verließen uns unsere Stützen. Drei kostbare Mitglieder, liebe Freunde, gingen von uns. Erich Ziegel starb unerwartet in München. Anni Maier, diese herrliche, vitale Schauspielerin mit ihren roten Haaren und den hellen grauen Augen, nahm sich das Leben. In einem der letzten Stücke, es war eine deutschsprachige Erstaufführung, war mein Partner Josef Zechell, ein Freund Leons aus der Akademiezeit. Er hatte ganz wesentliche Rollen in der „Insel“ verkörpert. Auch von ihm mußten wir Abschied nehmen. Er starb völlig überraschend im Januar an einem Herzinfarkt.

Neben diesen menschlichen Verlusten wurde der Kampf um die Weiterführung der „Insel“ immer bedrohlicher. Es kam vor, daß bei Beginn der Abendvorstellung ein Ringen um die Einnahmen einsetzte, auf die der Exekutor von Steuer oder Krankenkasse schon wartete. Diese Kassiere kamen mit Vorliebe am Vormittag, wenn gerade der Kulturgroschenbetrag eingelangt war. Aber einmal hatte einer bei seinem vormittäglichen Raubzug kein Glück. Als er kam, ließ ihn unsere brave Frau Kirchenwitz die völlig leere Kasse sehen. Als er aus dem Haus war, zeigte sie uns, wo das Geld war. Sie hatte es, als sie ihn kommen hörte, in den Papierkorb geworfen und mit alten Briefen zugedeckt. Das Geld wurde so dringend gebraucht, um wenigstens etwas an das Personal auszahlen zu können. Immer wieder erreichten uns Zeichen der Verbundenheit: von einer unserer Putzfrauen ein Strauß Flieder auf dem Schreibtisch, von einem anderen guten Geist eine für den Kaffee so notwendige neue Thermoskanne, nachdem die alte zerbrochen war. Solche kleinen, meist anonymen Gesten haben uns tief berührt. Längst war es kein Geheimnis, daß die KIBA, die allmächtige Kinogesellschaft, das Theater haben wollte. Was halfen da alle Verhandlungen, die wir führten? Es war ein vergeblicher Kampf. Das Ende kam mit der Weigerung, unseren Pachtvertrag zu verlängern.

Die drei letzten Abende gehörten einer indischen Tänzerin: Hima Kesarkodi. Sie hatte regen Anteil an dem Schicksal unseres Theaters genommen, und es war wie ein Symbol, daß ihre kultischen Tänze den Abschluß bildeten. An ihrem und unserem letzten Abend richtete sie bewegte und bewegende Worte an die Zuschauer. Schweigend hörte das Publikum zu und stand auf, als Leon die Schlußworte sprach und Abschied nahm.

Mit dem Ende der „Insel" war auch der Auftrag, um dessentwillen ich 1936 nach Wien zurückgekommen war, erfüllt. Neun Jahre war ich tätig gewesen, um Leons Plänen Wirklichkeit zu verschaffen. War es also nicht der folgerichtige Schluß, daß ich auch die letzte schwere Arbeit, die Auflösung, alleine machen mußte, damit Leon frei sein und den Faden für größere Aufgaben weiterspinnen konnte? Mir blieben die gerichtlichen Verhandlungen, die Ausgleichsverhandlungen mit den Gläubigern, mit dem Ensemble, die sich bis in den Herbst hinzogen.

Während Leon seinen Regieaufgaben in Wien, in Graz und Salzburg nachging, gingen bei mir die Gerichtsvollzieher ein und aus. Kein Möbelstück, kein Bild, das nicht mit dem Kuckuck geziert war. Das Theater mußte ausgeräumt werden. Es gab Probleme über Probleme. Wie sollte ich die Sachen abtransportieren? Ich bekam Schwierigkeiten, die Räume zu betreten, in denen unser Fundus lag. Ich hatte stets zwei Wächter zur Seite, bis ich mich an höchster Stelle dagegen wehrte.

Eine sehr liebe Freundin, ein liebenswertes Mitglied unseres Ensembles, Trude Sommer, hatte einen kleinen Wagen und half mir beim Abtransport. Wie oft sind wir mit Kostümen, Dekorationsteilen etc. von Johannesgasse 4 nach Johannesgasse 16 gefahren? Aber wo sollte ich all das unterbringen? Mit ihrer Hilfe und mit der Hilfe des getreuen Altmann habe ich es geschafft. Wie Geburt und Tod zum Leben gehören, so gehörten der Aufbau und die Auflösung des Theaters zu dieser „Insel".

Hatte ich in diesen finsteren Monaten die notwendigen amtlichen Wege übernommen, so hatte Leon das scheinbare Glück, sofort als Gastregisseur arbeiten zu können. Am 16. Juni 1951 fand die Burgtheaterpremiere von *Traube in der Kelter* statt, am 19. Juni war er schon in Graz, wo er auf der Schloßbergbühne eine Inszenierung machte, und nach einem kurzen Aufenthalt auf der geliebten Alm begannen in der Josefstadt die Proben für *Christinas Heimkehr* von Hofmannsthal. In den ersten Oktobertagen war er bereits in Salzburg, wo er im Landestheater Goethes *Stella* und Stefan Zweigs *Jeremias* inszenierte.

Aber der Verlust der „Insel", der Verlust des eigenen Hauses hatte ihn verunsichert. Er hatte den Glauben an sich und den Wert seiner Arbeit verloren. Eine Schwelle hatte sich aufgebaut, die er nicht glaubte überwinden zu können. *Ich kenne mich selbst nicht mehr*, schreibt er am ersten Probentag, *ich glaube, ich bin mittendrin in einem großen inneren Übergang, Werte und Begriffe verändern sich. In all dem erscheinen mir die Proben so läppisch und nichtssagend, wenn man immer wieder die Dinge wiederkäut und dabei zu keinen neuen gefunden hat*. Er befand sich in einer gefährlichen Krise, noch dazu war sein körperlicher Zustand nicht der beste. Die Aufregungen der letzten Monate hatten ihm sehr zugesetzt. Er konnte nicht schlafen, nicht essen und wog nur noch 48 Kilo. Der Aufenthalt auf der Alm weit weg von Wien hatte ihn wieder ein wenig aufgebaut. So konnte er mir aus Salzburg bald triumphierend schreiben: *Sei umarmt von Deinem alten Leon (Gewicht 53 Kilo!)*. Zu den tiefgreifenden künstlerischen Problemen, die ihn beherrschten, kam noch die Sorge für unser aller Zukunft. Von den Gagen der etwaigen Gastregien würde man zwei Haushalte nicht finanzieren können, und er dachte ernsthaft daran, den Beruf zu wechseln. Seine Welt schien zerstört, alles hatte sich von ihm abgewandt. Auch seine Wünsche und Hoffnungen hatten sich aufgelöst. Das Leben hatte seinen Sinn verloren.

Die Volkstheater-Zeit

Aufsehenerregende Premieren

Erst langsam tat sich ein Licht auf, als Ende Oktober 1951 erste Signale für die Direktion des Volkstheaters gegeben wurden. Nach acht Monaten des Herumirrens, auf der Suche nach neuen Erkenntnissen, neuen Erfahrungen, neuen Werten stellte sich ihm diese Aufgabe, die Leon 1952 übernahm.

Das Volkstheater, das jetzt auf seine leitende Hand wartete, verlangte, daß er sich vom alten „Insel"-Gedanken löste, verlangte nach anderen Gesetzen. Sein künstlerisches Ziel blieb zwar das gleiche, aber der Weg dorthin mußte ein anderer werden. Noch war sein Vorgänger Paul Barnay im Amt, aber Leon konnte schon damit beginnen, seinen Spielplan zu entwerfen, und es war ihm sehr wichtig, sich mit dem Haus, mit den Mitgliedern, mit dem gesamten Betrieb vertraut zu machen. Er machte sich mit allen Abteilungen bekannt, er ließ sich von den betreffenden Mitarbeitern über die Arbeitsgepflogenheiten, über den Ablauf der einzelnen Arbeitsphasen und ihre Verschmelzung berichten. Er ging in die Werkstätten, überprüfte Zeiten und Anzahl der Beschäftigten in den einzelnen Abteilungen. Denn ein Theaterbetrieb ist ein kleiner Kosmos, abhängig von vielerlei Berufen: Tischlern, Malern, Schlossern, Elektrikern, Bühnenarbeitern, Buchhaltern, Büropersonal, Reinigungspersonal, Billeteuren, Dramaturgen, Schauspielern und Regisseuren. Jeder von ihnen ist wichtig für den Ablauf eines geordneten Theaters. Und alle sollten das Gefühl haben, daß sie zu dem Haus gehören und für das Haus wertvoll sind.

Leon ging manchmal ganz still und allein durch das große Haus, das er schon als Knabe besucht hatte und in dem ihm die ersten

Theatereindrücke vermittelt worden waren. Er versuchte, den dem Haus innewohnenden Geist zu erfassen. *Hören*, schreibt er in seinem Bordbuch, *hören, in sich hören, daß ich den rechten Weg finde für die große Berufung, die die Leitung des Volkstheaters bedeutet.* Er wollte nichts anderes sein *als das ausübende Werkzeug eines höheren Willens.* Das war der Geist, in dem er seine Arbeit begann. Und daraus schöpfte er auch die Kräfte, die er brauchte.

Er arbeitete mit Rasanz und Leidenschaft. Er spannte sich vor diesen Thespiskarren bis zur Erschöpfung. Das mußte zu einem Zusammenbruch führen. Zwei Jahre waren vergangen, als er am 18. November 1954 einen Herzinfarkt erlitt. In diesen zwei Jahren waren die Richtung, die er mit seinem Spielplan zu gehen beabsichtigte, und der Ensemblegedanke, den er verfolgte, deutlich geworden.

Im September 1954 hatte die aufregende und aufsehenerregende Premiere der *Schmutzigen Hände* von Sartre stattgefunden. Eine Herausforderung in einer Zeit, da die Russen noch in Wien waren. Es wurde daher von seiten der KPÖ alles aufgeboten, um die Aufführung dieses Stückes zu verhindern. Sartre kam nach Wien, es gab eine lebhafte, sehr interessante Aussprache zwischen ihm und Epp. Leon, der noch auf die russische Kommandantur bestellt wurde, dachte nicht daran, das Stück abzusetzen. Es wurde ein sensationeller Erfolg. Aber was hatte es an Nerven gekostet.

Als kleines Nebengeschenk verloren wir zu dieser Zeit noch einen Prozeß, der sich seit dem Renaissancetheater hingeschleppt hatte. Wieder hatten wir neue finanzielle Sorgen. Und das gerade in der Zeit enormer geistiger Anspannung bei den Proben. Leon führte ja selbst Regie und stand vor der so folgenschweren Entscheidung, ob dieses Stück gespielt werden sollte oder nicht. Zur Entlastung unserer finanziellen Situation hatte er sich nach dieser Premiere für ein Regiegastspiel in Basel Urlaub genommen. Von dort kam er für eine Regiebesprechung auf ein paar Tage nach Wien, als er einen Herzinfarkt erlitt.

Mit Bewunderung und Staunen, aber auch mit tausend Ängsten hatte ich seine Arbeit verfolgt. Ich wußte, daß es hier um sein Lebenswerk ging, aber nun war ich in tiefster Verzweiflung. Ich durfte nicht bei ihm sein. Mitternacht war vorbei, als ich durch die dunklen Straßen zum Krankenhaus lief. Ich hatte Angst, ihn nicht mehr lebend zu finden. „Er schläft", sagte man mir, „die erste Gefahr ist vorbei." Aber schon nach wenigen Tagen waren Konferenzen am Krankenbett an der Tagesordnung.

Am Silvestertag kam er nach Hause. Wir hatten auf ihn gewartet und Weihnachten nicht gefeiert. Nun war der Lichterbaum erleuchtet, und es war wie ein Versprechen für die Zukunft. Mit dem neuen Jahr fing ein neuer Abschnitt in unserer Geschichte an.

Im Laufe des Januars ereignete sich etwas, das uns erneut an eine Wegscheide brachte. Die Stadt Münster suchte einen neuen Intendanten und wandte sich an Leon. Und er empfand plötzlich nach dieser kompakten Mahnung des Herzens Sehnsucht nach einem ruhigeren Platz, den er in einer kleineren Stadt mit nur einem Theater zu finden meinte. Er fuhr tatsächlich noch im Januar nach Münster, um sich die Situation anzusehen. Es erschreckte mich maßlos. Kaum wieder gesund, noch sehr geschwächt, fuhr dieser unruhige Mensch fort und blieb länger als geplant. Als er wiederkam, hatte er zwar einen guten Eindruck gewonnen, von einem sofortigen Wechsel konnte aber nicht die Rede sein.

Langsam begann man den Mann, der mit seiner ambitionierten kleinen „Insel in der Komödie" in Konkurs gegangen war, zu respektieren, ja zu feiern. Man erkannte, welche Kraft und welchen künstlerischen Mut er hatte. Er zwang mit seinem Spielplan die anderen Theater zum Umdenken. Er machte das Volkstheater, wie Ernst Lothar schrieb, zum *mutigsten Theater Wiens*, und er hatte in kurzer Zeit ein Ensemble aufgebaut.

Im Jahre 1957 wurden wir mit der sehr erfolgreichen Aufführung von Tschechows *Drei Schwestern* zu einem Gastspiel bei den Ruhrfestspielen eingeladen. Nach erfolgreichem Start in Hamburg und Hannover kamen wir nach Recklinghausen, wo Leon zu meinem großen Erstaunen von den Herren aus Münster erwartet wurde, die ihm einen Vertrag anboten. Neben seiner Direktion im Volkstheater übernahm Leon nun die Generalintendanz von Münster. Die Wellen gingen hoch! In Deutschland gab es Anfeindungen durch die Presse, in Wien herrschten Unmut und Unsicherheit. Aber Leon nahm die vermehrte und belastende Arbeit auf wie ein Geschenk, als wüßte er, wie kurz seine Zeit bemessen sein würde.

Drei Jahre führte er beide Häuser mit großem Erfolg. Dann kam der Augenblick der Entscheidung. Leon hatte in diesen Jahren das Theater in Münster aufgebaut, und nun entschloß er sich dazu, den Vertrag nicht zu verlängern. Er entschied sich für Wien. Als der Abschied kam, empfand er neben der Wehmut, sein Werk fremden Händen zu übergeben, doch auch Dankbarkeit für alle Erfahrungen, für die gute und offene Zusammenarbeit und für die Freundschaften, die sich entwickelt hatten.

In dem danach folgenden Urlaub machten wir die einzige gemeinsame Reise durch Italien. Wir sahen uns in der kurzen Zeit, die uns zur Verfügung stand, die großen Dome an, fuhren über Padua und Bologna nach Florenz. Wir kamen nach San Gimignano, nach Orvieto, vorbei an dem herrlichen Bolzanosee, nach Viterbo, wo ein Fest gefeiert und ein riesiger Ochse am Spieß gebraten wurde. Weiter ging es nach Tarquinia, in die Stadt der Etrusker. „Von hier“, sagte ich zu Leon, „sind es nur

90 Kilometer bis Rom." Und so fuhren wir in diese alte Stadt, nur um uns das Jüngste Gericht von Michelangelo in der Sixtinischen Kapelle anzusehen. Wir hatten uns vorgenommen, nichts anderes als dieses Wunderwerk zu besichtigen. Also liefen wir, ohne uns aufzuhalten, in die Sixtinische Kapelle und saßen lange in Bewunderung vor Michelangelos Werk. Danach besuchten wir noch die Engelsburg, aßen eine Kleinigkeit, und ich fuhr mit Hilfe eines Kompasses wieder aus dieser Riesenstadt heraus. Obwohl diese Kurzvisite in Rom fast absurd erscheint, bin ich glücklich, daß wir sie gemacht haben. Nie wieder bin ich mit meinem Mann nach Rom gekommen, und dieser Eindruck, den ich aus jener beglückenden Stunde mitgenommen habe, ist mir unvergeßlich geblieben. So sehr ist mir das Gemälde gegenwärtig, daß ich es nicht mehr aufgesucht habe, als ich Jahre später einige Tage allein in Rom war. Ich wollte den Eindruck von damals in Erinnerung behalten.

In Wien fing mit der Spielzeit 1960/61 eine neue Ära in Leons Arbeit an. Der Spielplan wurde, besonders im Sonderabonnement, viel politischer. Leon setzte Stücke an, die eine Auseinandersetzung mit der Vergangenheit brachten und die Frage nach Schuld und nach Verantwortung des Menschen stellten. Höhepunkte, auch seiner Inszenierungstätigkeit, waren *Der Stellvertreter*, *Die Soldaten*, *Die Eingeschlossenen von Altona*, *Blues für Mister Charlie*. Leon wich keiner Diskussion aus, stellte sich einem erregten Publikum, nahm alle Beschimpfungen, die ihn in Briefen oder Telephonanrufen erreichten, gelassen hin. Stets stellte er sich vor seine Schauspieler. Ich habe an anderer Stelle ausführlich darüber geschrieben.

Und ich? Ich versuchte in all diesen Jahren, mich selbst, meine Aufregungen und Ängste zu vergessen, um all meine Kraft ihm zu geben. Wenn wir nach einem solchen Abend in unseren vier Wänden waren und Leon dann nach meiner Hand griff, wußte ich, daß er mich gebraucht hatte.

Der Hof wurde bepflanzt, bald blühten Rosen

Eine Kraftquelle war für uns in diesen Jahren unser kleines Haus in St. Andrä. Im März 1962 machten wir, um dem Alltag, der so oft der schönsten Arbeit den Zauber nimmt, zu entfliehen, zahlreiche Fahrten ins Burgenland. In jener Zeit gab es dort noch verschlafene kleine Dörfer mit schönen alten Häusern, stille Dorfstraßen, Hutweiden und viele große und kleine Lacken. Ich spreche vom nördlichen Burgenland, das vom Neusiedlersee und dem kleineren Zicksee beherrscht wird. Diese wunderbare Landschaft weckte in uns den Wunsch, hier ein Haus zu besitzen, ein altes Bauernhaus mit weiß gekalkten Mauern und Rohrdach. Vierzehn Tage später hatten wir es gefunden: ein hakenförmiges Haus, Teil einer sogenannten Halbwirtschaft. In der Mitte des Grundstückes befand sich ein Hof, der unbepflanzt bleiben mußte, damit beide Besitzer, die Anteil am Grundstück hatten, ihre Gespanne umdrehen konnten. Zwei Stadel bildeten jeweils den Abschluß des Hofes.

Im zweiten, kleineren Haus hatte ein alter Bauer sein Ausgedinge. Es dauerte nicht lange, und wir konnten auch dieses Haus erwerben. Der alte Herr blieb darin wohnen, und wir wurden gute Freunde. Der Hof wurde bepflanzt, bald blühten Rosen, und der Nußbaum, ein Winzling, als wir ihn setzten, wuchs und wuchs. In späteren Jahren saßen wir in seinem Schatten. Der Stadel – nur einer war erhalten geblieben – war ganz aus Schilfrohr gebaut. Wenn man in seinem Inneren stand, fiel das Licht durch den Schilfmantel gefiltert herein. Die Akazienholzkonstruktion, die das hohe Schilfdach trug, war ebenso einfach wie schön, die Jahreszahl 1836 war eingeschnitten. Wir ließen das Ensemble unter Denkmalschutz stellen.

Was war das für eine herrliche Zeit, die Zeit des Bauens, des Planens, wie sich langsam ein wunderbarer Lebensraum gestaltete. Die St. Andräer allerdings wunderten sich ein wenig, konnten nicht recht verstehen, daß diese verrückten Wiener ein altes Haus kauften, es nicht abrissen und neu aufbauten. Wir hingegen ließen das Haus renovieren, konservieren, im alten Gemäuer, ohne es zu beschädigen, sorgsam Rohre für Wasser und Strom verlegen.

Der ehemalige Kuhstall wurde zum „Herrenstall", dort residierte der Herr des Hauses an einem sehr alten, aus einem einzigen großen Eichenstamm gemachten Hacktisch, der zum Schreibtisch geworden war. Zigeunerarbeit, wie man uns sagte. Der ehemalige Pferdestall wurde der „Gästestall", die kleineren Räume wurden „Ställe" für die Söhne.

In der Diele gab es einen offenen Kamin, die beiden wunderschönen Stuben hatten Holzbalkendecken und winzige Fenster. Drei kleine Birkenbäumchen pflanzten wir in Erinnerung an die *Drei Schwestern* von Tschechow. Als ich Abschied nahm von diesem geliebten Ort, waren sie schon groß. Eine niedrige Mauer trennte den Garten von der unendlich weiten Ebene hinter unserem Haus. Dort befand sich eine Lacke mit einigen Büschen, in denen abends eine Nachtigall sang. Im Sommer trocknete die Lacke aus und zum Vorschein kam ein weißlicher Boden, der im Mondlicht hell glitzerte und seltsame Pflanzen wuchern ließ. Im Herbst, wenn die Lacke wieder mit Wasser gefüllt war, ließen sich die Wildenten auf ihrer Reise in den Süden darauf nieder. „Baderlacke" wurde sie von den Einheimischen genannt, da die Ärzte früher Kinder mit Keuchhusten an diesen Tümpel geschickt hatten, die salzhaltige Luft dort sollte Erleichterung bringen.

Am Eingang des Dorfes wurde man stets von einer Gänseherde empfangen, die gackernd über den Weg lief. In der Früh kamen die Hirten, um ihre Herden in Empfang zu nehmen: Pferde, Rinder, Schweine, Kälber oder Gänse. Für jede Tierart gab es einen eigenen Lockruf oder ein Instrument: Peitsche, Horn, Flöte oder anderes. Diese Tradition der Hutweiden bestand schon nicht mehr, als wir nach St. Andrä kamen, und heute gibt es schon vieles von dem, was wir noch kennenlernen durften, nicht mehr. Damals saß man an schönen Abenden unter den Akazienbäumen vor dem Haus und schwatzte mit den Nachbarn. Die Akazienbäume an den Straßenrändern mußten mittlerweile Linden weichen. Ich habe allerdings für die sechs Akazienbäume vor unseren Häusern gekämpft, und sie blieben stehen.

Neben uns wohnten in einem ebenso alten, etwas kleineren Haus zwei Frauen. Die ältere war damals schon über achtzig Jahre alt. Sie war klug, witzig und traf mit ihren Aussprüchen stets den Nagel auf den Kopf. Als sie starb, blieb ihre Schwiegertochter, ein hilfsbereiter guter Mensch, allein. Eine Ansichtskarte, auf der mein Haus zu sehen war, zeigte auch dieses Nebenhaus. Doch deren Schwiegersohn empfand das kleine Haus als eine Schande. Er verlangte, daß die Ansichtskarte eingezogen, das Haus abgerissen und durch einen Neubau ersetzt würde. Die arme Frau, die ihr Haus so behalten wollte, wie es war, bekam Hausverbot bei ihrer Tochter und den Enkeln und wurde erst wieder in Gnade aufgenommen, nachdem sie sich mit der Demolierung einverstanden erklärt hatte. Ich erzähle diese Geschichte so ausführlich, weil sie ein Licht auf die Einstellung der Dorfbewohner wirft, auf die veränderten Strukturen. Die nach dem Krieg sukzessiv erfolgte Umstellung von Hutweide und Rinderzucht auf Getreideanbau und Wein hatte nach und nach zu früher nicht bekanntem Wohlstand geführt. Die alten Häuser waren aus Lehm gebaut, hatten geflochtene Dächer aus Rohr, beides, Lehm und Rohr, lag vor der Haustür. Der Fußboden aus Holz, der sich schon in den meisten Häusern fand – auch in unserem –, war erst später hineingelegt worden. Die Häuser waren niedrig und in die Tiefe der Höfe mit der Schmalseite zur Straße gebaut. Das hatte einen großen Vorteil: Der sogenannte Untere Wind, der Wind, der aus der Ebene kam, konnte darüber hinwegfegen, ohne Schaden anzurichten. Als die Bewohner nun wohlhabender geworden waren, wollten sie auch besser, sprich: luxuriöser wohnen. Außerdem brauchten die für die Feldarbeit notwendigen Maschinen größeren Raum. Es begann also eine Zeit der Veränderungen, in der leider auch vieles zerstört wurde, was man in seiner Einmaligkeit hätte erhalten müssen. Der Zeiger der Uhr bewegte sich weiter, und allmählich veränderte sich das Leben.

Bei den Wallfahrten nach Frauenkirchen gingen die Frauen anfangs beide Strecken zu Fuß. Später wurde nur noch eine Strecke zu Fuß zurückgelegt, die Männer holten ihre Frauen mit Autos in Frauenkirchen ab. Jetzt gibt es keine Wallfahrten mehr. Sonntags gab es in St. Andrä um 14 Uhr die „Weibermesse", einen Gottesdienst nur für Frauen. Alle kamen sie in ihren schwarzen Kleidern und schwarzen Kopftüchern. Nach der Messe versammelten sie sich an den Stufen zur Kirche, und ein Chor von Stimmen erhob sich. Man schwatzte, lachte, wisperte durcheinander, um plötzlich zu verstummen. Der attische Chor löste sich auf, eine schwarze Gestalt nach der anderen verschwand hinter weißen Mauern. Stille trat ein.

Um den einst stillen Zicksee wurden im Sommer Zelte und Badehütten aufgestellt. Dieser wilde Badebetrieb kam erst langsam in geordnete Bahnen. Solange ich über Zeltseile und Wäscheleinen mit flatternder Wäsche steigen mußte, blieb ich dem See fern. Erst im Herbst ging ich wieder an sein Ufer, wenn im Schilf die Reiher nebeneinander aufgereiht wie eine Perlenkette standen. Leon hatte uns ja schon 1968 verlassen. Er konnte dieses Paradies, das er so liebte, nur sechs Jahre genießen und hatte erst wenig von der eintretenden Zerstörung bemerken müssen. Noch waren viele, viele Lacken da, noch nisteten die Störche auf der Mühle, auf der Schule und beim „Lunzer Wirt". Im Juli konnten wir von unserem Garten aus beobachten, wie am anderen Ufer unserer Lacke die alten Störche den neugeborenen Flugunterricht gaben. Im August sah man dann auf allen Storchennestern rings um die Seen verlassene Jungstörche sitzen, die erst später nach Südafrika folgten. Dort blieben sie drei Jahre, um danach wieder in das alte Nest zurückzukehren. Wie glücklich bin ich, diese schöne Landschaft noch so unberührt kennengelernt zu haben. Wenn ich abends am Ende meines Gartens stand, weitete sich der Himmel über mir, und ich sah, wie im Westen die letzten Sonnenstrahlen die Wolken färbten und wie sich im Osten die erste Dunkelheit über die Ebene breitete.

Der Hansag, der sich von Andau, Tadten und Wallern bis an den Einser-Kanal, das heißt also bis zur ungarischen Grenze ausbreitet, war 1956 als Übergang für die Flüchtenden aus Ungarn bekannt geworden. Der Hansag war ein Moorgebiet mit Wassertümpeln, kleinen Lacken, Erlengebüsch, Rehen, Fasanen, Trappen. Eine paradiesische Wildnis war er, ein Stück kostbarer, noch unberührter Natur. Jetzt steht dort ein Pumpwerk nach holländischem Muster. Ein Kanal nimmt das Wasser auf und führt es in den Einserkanal. Der Hansag ist trockengelegt, nur ein kleiner Teil wurde der Trappen wegen unter Naturschutz gestellt.

Jetzt wächst Gemüse dort, das – wie man mir erzählte – zum Teil wieder eingeackert werden muß, weil man es nicht verkaufen kann. Die Baderlacke hinter unserem Haus trocknet nicht mehr aus. Die Qualität des einst zick(salz)haltigen Wassers hat sich so verändert, daß die Lacke zum Sumpf wird. Verursacht vermutlich durch die Düngemittel, die die nunmehr umliegenden Gärten benötigen. Die alte Dorfstraße wurde vollkommen erneuert. Störche gibt es keine mehr. Noch in den siebziger Jahren kam stets einer auf mein Dach, um dort zu schlafen, wenn in seinem Nest durch die zahlreichen Jungen kein Platz mehr war. Die Lacken sind größtenteils verschwunden. Sie wurden zugeschüttet, um Anbaufläche zu gewinnen. Aber die vielen kleinen Gewässer hatten eine Funktion: Sie verbreiteten Feuchtigkeit, und jetzt, wo die Anbaugebiete wachsen, die feuchtigkeitsspendenden Lacken aber schwinden, muß Tag und Nacht bewässert werden. Der Grundwasserspiegel sinkt. Das ist der gespenstische Kreislauf: Wohlstand des Menschen – Untergang der Natur.

Es war seine Todesstunde

Vierzig Jahre war ich an Leons Seite, habe mit ihm gearbeitet, mit ihm geplant, in der kleinen „Insel am Parkring", in den Kriegsjahren, in der „Insel in der Komödie". Im Volkstheater war meine Hilfe freilich anderer Art, ich versuchte, ihm Ruhe zu vermitteln, Sicherheit, und ich hörte mir geduldig all seine Sorgen an. Was war es, das mich im Laufe des Jahres 1968 so müde gemacht hatte, so kraftlos? Ich hatte ganz plötzlich das Gefühl, ihm nicht mehr helfen zu können.

Im März 1968 hatte ich einen seltsamen Traum. Leon und ich fuhren auf einer breiten, öden Straße. Leon fuhr den Wagen, ich saß neben ihm. Plötzlich wich er von der Straße ab und fuhr rechts in ein Feld und in einen tiefen dunklen Schacht hinab. Ich schrie auf: „Leon, wohin fährst du? Du fährst mich in mein Grab!" Ich erwachte mit dem Gedanken: „Das wird in drei Monaten passieren." Ich habe nie über diesen Traum gesprochen, aber er belastete mich sehr. Hatte er mit meinem Handeln etwas zu tun? Es gab ein paar kleine Enttäuschungen für mich, sodaß ich das Angebot, in Bern zu spielen, mit Freuden annahm. Alles, was von diesem Zeitpunkt an geschah, lief wie nach einem festen Plan ab. Wäre ich im Theater gebraucht worden, dann hätte ich an jenem 7. Dezember 1968 nicht mit Leon ins Burgenland fahren können. Wir fuhren am Tag nach der ersten Karl Skraup-Preisverleihung, Herbert Propst war der Preisträger. Wie glücklich war Leon über diese Stiftung. Es war ein Preis nur für das Volkstheater, für sein geliebtes Ensemble. Wir fuhren nach Stoob, um bestellte Töpferware abzuholen. Auf der Weiterfahrt in unser kleines Haus aßen wir in Mattersburg zu Mittag. Kurz nach Schützen befand sich auf anscheinend trockener Straße eine kleine vereiste Stelle. Ich kam ins Schleudern, mußte bremsen, um nicht gegen einen mir entgegenkommenden Traktor zu stoßen, der Wagen scherte nach links aus und fuhr die Böschung hinunter.

Woran erinnere ich mich? An das Stoßen des holpernden Wagens, an meinen Schottenrock, der sich hob und mir entgegenwehte. Ich fand mich noch halb auf dem Heck liegend, ein Bein oben, das andere halb unter dem sanft auf die Seite geglittenen Wagen. Ich sprang auf und suchte Leon. Er lag auf dem Rücken an der Böschung, unser kleiner Hund saß auf ihm. Durch die beiden hinzugekommenen Bauern wurde ich an meinem Versuch, Leon aufzurichten, gehindert. Die Gendarmerie erschien, verwirrt suchte ich nach den ausgestreuten Sachen aus meiner Handtasche. Ich erinnere mich, wie ich Leon zwischen den beiden Rettungsfahrern davongehen sah. Auf der Fahrt nach Eisenstadt saßen wir nebeneinander und hielten uns an der Hand. In einer kalten, großen Halle warteten wir auf die ersten Befunde. Zum Glück war Leon nichts Ernsteres passiert, er hatte nur einige Prellungen und einen schweren Kreislaufschock. Ich erinnere mich, daß ich auf die Frage, ob auch mir etwas passiert sei, nur „Nein, nichts“ geantwort habe.

Die Nacht über mußte ich im Krankenhaus bleiben. Ich lag im Zimmer neben dem seinen. Angstvoll lag ich wach, stand auf und setzte mich an sein Bett, um seinen Schlaf zu bewachen. Leon erwachte und fragte: „Warum bist du hier? Geht es mir nicht gut?“

Ich kam wieder nach Hause, ging ins Theater zu unserer Weihnachtspremiere, machte Vorbereitungen für die Festtage – das alles geschah wie in Trance.

Was sollte aus Bern werden, wo ich am 15. Dezember zu Vorbesprechungen erwartet wurde? Alle, nicht nur Leon, auch die Ärzte redeten mir zu: „Wenn Sie in einer Woche zurückkommen, nehmen Sie ihn mit nach Hause!“

Im Schlafwagen nach Bern bemerkte ich, daß mein rechtes Bein dick angeschwollen war. Ich erinnere mich, daß mich auf dieser Fahrt Todesgedanken verfolgten. In Bern ließ ich sofort ein Telephon einleiten, rief aber nie in Eisenstadt, sondern immer nur in Wien an. Am 21. Dezember 1968, dem Tag meiner Abreise, war ich nach einer Probe eingeschlafen und erwachte voll Schrecken, rannte zum Bahnhof und nahm in Zürich völlig verstört den Nachtzug. Bei meiner Ankunft in Wien standen meine drei Söhne am Bahnhof. Als ich ihre Augen sah, wußte ich alles. Ich erinnere mich an die Fahrt mit dem Taxi nach Eisenstadt, an das Reh, das vor den Wagen lief, sich noch retten konnte, an meine Worte: „Es ist davongekommen“, an die Antwort des Fahrers: „Wir auch.“ Und an Leon erinnere ich mich, der noch dalag, als hätte er auf mich gewartet. Alles andere ist ausgelöscht. Sie ließen mich mit Leon allein. Habe ich Abschied genommen? Als ich ging, war mir, als ginge ich durch Nebel.

Der Weihnachtsabend kam. Nun saßen sie alle um meinen runden Tisch: meine Kinder, meine Schwiegertochter und deren

Mutter. Nur einer nicht. Irgend jemand hatte einen Karpfen gebracht. Auch ich aß davon. Kein Baum stand da, aber Kerzen brannten. Am 28. Dezember 1968 fand die große Verabschiedung statt: viele Kränze, viele Reden. Meine Kinder und meine Schwägerin waren neben mir, um mich herum standen Freunde. Ich stand und sah auf den Sarg. Der Wagen führte ihn ins Krematorium. Silvester ging vorüber.

Nie werde ich den Augenblick vergessen, als ich seine Urne sah. Nichts sonst sah ich in dieser großen, weißen Halle, nicht die Menschen, nicht die Blumen. Es hatte geschneit, die Erde war hart gefroren. Wir gaben ihm Erde mit aus seinem Garten in St. Andrä. Es war das Ende. Aber auch mein Leben war an jenem zweiten Tag im Jahre 1969 zu Ende. Ich war abgestürzt, hineingezogen in ein schwarzes Loch, aus dem es keine Wiederkehr gibt. Es sei denn, man wird noch einmal geboren.

Schuld bedrückte mich. Ich hatte den Unfall nicht verhindert, und danach war ich weggefahren. Gewiß, ich stand unter einem ungeheuren Schock, der sich in Hektik äußerte, die mich von Wien nach Eisenstadt, von Wien nach Bern, dann von Bern nach Wien jagte. Aber in jener Stunde, um halb fünf Uhr, als ich durch die Straßen von Bern rannte, hätte ich bei ihm sein müssen, hätte ich ihm meine Kraft geben müssen. Es war seine Todesstunde. Besteht da ein Zusammenhang? Kurz vor seinem Tod hatte er zu mir gesagt: „Noch Millionen Jahre werden wir zusammen sein."

Unser Ziel, das Theater, hatte uns vereinigt – später unsere Kinder. Als er starb, war mir, als sei die Hälfte meines Lebens, meiner Wesenheit mit ihm gegangen. Die mir zugeteilte Aufgabe war erfüllt. Aber ich brauchte Zeit, um wirklich frei zu werden, eine eigene Identität zu finden. So wurde ich tatsächlich noch einmal geboren, lernte, meinen Weg allein zu gehen, allein zu handeln. Die Welt hatte sich für mich verändert.

Wie soll ich ordnen, was mich inzwischen seit mehr als dreißig Jahren an neuen Erfahrungen erreicht hat?

Als ich von Leon für immer Abschied nehmen mußte, war alles Glück sehr weit von mir. Noch am selben Abend kam der Leiter der Volkstheater GesmbH., unser alter Freund Senghofer, zu mir, um mich zu fragen, wer die Nachfolge Leon Epps antreten solle. Die Eile wurde mir verständlich, als er sie mit der Angst vor Unruhe im Ensemble und Spekulationen in den Kreisen möglicher Nachfolge-Aspiranten begründete. Ich sagte ihm, daß Leon, wenn er sich manchmal müde fühlte, schon von einer Nachfolge gesprochen und Gustav Manker genannt hatte. Seng meinte, man habe auch schon an mich gedacht. Aber für mich wäre eine solche Stellung nie in Frage gekommen, und ich lehnte ab, die Wahl Mankers war richtig und gut. So wurde dieses Gespräch freundschaftlich beendet.

Nachdem ich in den ersten Januartagen die Übergabe an Manker durchgeführt hatte – der Schreibtisch im Direktionszimmer mußte geräumt, Briefe übernommen werden –, fuhr ich nach Bern zurück. Für mich war es ein Segen, in den ersten Tagen der neuen Direktion nicht im Theater sein zu müssen, wahrscheinlich war es das auch für die Kollegen.

Nikolaus konnte dank der Vermittlung von Freunden in einem Berner Krankenhaus famulieren und war daher in meiner Nähe. Meine beiden anderen Söhne mußte ich freilich allein lassen. Michael war schon verheiratet. Benjamin, unser Jüngster, 1953 zur Welt gekommen, fand liebevolle Aufnahme bei meiner Schwägerin in Mödling. Ihm bin ich seine Kinderjahre schuldig geblieben. Er mußte unter der Last des Volkstheaters immer zurückstehen. Ich schickte ihn in die Verbannung eines Konvikts, im Glauben, er könne dort ruhiger leben und lernen als in unserer Hektik. Wie falsch war das! Ich hatte ihn der Familie entrissen, die, auch wenn sie chaotisch war, sein Zuhause gewesen wäre. Und nun ließ ich ihn wieder allein nach dem Verlust des Vaters. Ich habe es mir nicht verziehen.

Mein Aufenthalt in Bern dauerte vom 8. Januar bis zum 11. Februar 1969. Ich spielte im Ateliertheater mit Peter Broglé und seiner Frau Kathrin Schmid die Briefcollage *Johann Wolfgang* von Loek Huisman. Die Zusammenarbeit war gut, meine Wohnung hübsch, viele liebe Freunde bemühten sich um mich. Aber trotz aller Dankbarkeit, die ich dafür empfand, lebte ich nicht wirklich. Ich vegetierte.

Am 12. Februar 1969 begannen in Wien die Proben für *Die teuflische Maschine* von Cocteau. Iocaste war die einzige Rolle, die ich mir in all den vielen Jahren gemeinsamer Theaterarbeit aussuchen durfte. Und als ich diese Rolle spielte, lebte Leon nicht mehr. Manker führte Regie. Als ich lange vor Beginn der ersten Probe allein ein paar Minuten auf der Bühne stand, sehr allein plötzlich und sehr traurig, kam Gustl mit einem Strauß Rosen und begrüßte mich sehr liebevoll. Und ebenso liebevoll begleitete er mich dann durch die Proben.

Doch auch wenn mich die Arbeit zwang, meine Gedanken und Gefühle zu meistern, das Gefühl der Schuld überschattete alles. Ich machte mir zum Vorwurf, daß meine Kräfte zu früh erlahmt waren. Was war der Grund dafür, daß ich in den vorangegangenen zwei Jahren so unruhig gewesen war? Warum fühlte ich mich so erschöpft, während für Leon alles so klar wurde? Ich war leer, ich konnte nichts mehr geben. Meine Gedanken kreisten um dieses Thema, ich suchte, kombinierte Zusammenhänge. Traten seine Herzbeschwerden nicht zu der Zeit auf, als meine Kräfte erlahmten? Und war die nächste Folge nicht der Autounfall, den ich nicht verhindern konnte, da ich zu kraftlos war? Wo blieb mein vor 33 Jahren beschworener Auftrag? In Bern hatte ich mich regenerieren wollen, aber es war zu spät. Leons Kreislauf hatte keine Kraft mehr, ich hatte keine Kraft mehr. Im Juli 1969 hatte ich einen Traum, in dem alles sehr deutlich war: Leon saß da, und ich spürte, als ich ihn ansah, eine ungeheure Spannung. Ich wurde zur Brücke, die ihn trug, aber die Spannung war zu groß – die Brücke, also ich, stürzte wenige Meter vor dem anderen Ufer ein. Leon stürzte mit mir in die Tiefe.

Erst langsam wurde ich frei von solchem Denken. Meine Kinder halfen mir, meine Arbeit im Theater und St. Andrä.

Bleiben wir bei der Arbeit

Habe ich bei meinen Berichten über die „Insel“ und über die späteren Jahre überhaupt von meiner eigentlichen Arbeit als Schauspielerin gesprochen? Von meinen Rollen und der Arbeit daran? Ich spreche nie von Erfolgen oder Mißerfolgen der Schauspielerin Elisabeth. Woran liegt das? War mein Beruf keine Notwendigkeit für mich, keine Aufgabe, war es mein ewiges Mißtrauen zu mir selbst?

Mir fällt die Geschichte von Rabbi Susra ein. Als Rabbi Susra in die andere Welt kam, wurde er nicht gefragt, warum bist du nicht Rabbi Akiba gewesen oder Rabbi Sowieso, sondern: „Warum bist du nicht Rabbi Susra gewesen?“ Wird man mich einmal fragen müssen: „Warum bist du nicht Elisabeth gewesen?“ Die Suche nach der in uns ruhenden Kraft, wir nennen sie meist Persönlichkeit, ist eine Lebensaufgabe. Ich habe viele Jahre um sie gerungen, in allen Bereichen, aber besonders in meinem Beruf.

Die sechs Jahre in der „Insel“ und die 15 Jahre im Volkstheater hatte Leon mein künstlerisches Geschick bestimmt. Nach 1968 änderte sich meine Stellung. Das Ensemble nahm mich als eine ihm Zugehörige auf. Tatsächlich hatte ich vorher immer das

Gefühl gehabt, eine Fremde unter den Kollegen zu sein. Dazu hatte wohl beigetragen, daβ Leon mich beschwor, keine Freundschaften im Theater aufzubauen. So entstand eine Kluft, die nur mit wenigen überbrückt werden konnte. Jetzt wurde ich freier. Ein Zwang, den ich nicht ganz freiwillig auf mich genommen, aber als notwendig empfunden hatte, fiel von mir. Hand in Hand damit, wenn auch fast unmerklich für mich selbst, änderte sich meine Arbeit. Ich bekam Mut zu mir selbst. Manker und später Blaha gaben mir sehr schöne Aufgaben. Auch als Regisseur zeigte Manker mir den Weg. Vor mir auf dem Tisch liegen Rollenbilder. Wie viele Figuren habe ich gespielt, und bei welcher Rolle habe ich erreicht, Elisabeth zu sein, ich selbst zu sein, ohne Vorbild, ohne Klischee? Und wie vielen herrlichen Rollen bin ich dieses Persönliche schuldig geblieben?

Von allen Frauen, die ich gespielt habe, ist ein wenig in mir zurückgeblieben und in allen Frauen, die ich gespielt habe, ist etwas von mir lebendig geworden. Vielleicht ist das der Grund, warum ich Vielschichtigkeiten gegenüber aufgeschlossen bin, die ich bei allen Menschen, denen ich begegne, zu verstehen und zu respektieren suche. Die Zusammenarbeit mit anderen Schauspielern verlangte das. Wie sensibel muβte man hinhören, auch auf den Regisseur. Man lernte einander kennen, und zwar auf einer anderen Ebene als der des täglichen Umgangs. Es war, als eröffneten sich für einige Wochen Landschaften, die sich, war die Probenzeit abgeschlossen und die Vorstellungsserie zu Ende, wieder hinter dem Alltagsgesicht verbargen.

Wie soll ich von meiner Arbeit schreiben? Ich war nur ein Rad, ein allerdings leidenschaftlich liebendes Rad im groβen Getriebe. Theater ist eine Einheit, bestehend aus dem Stück, den Schauspielern, dem Publikum. Aber dieses Räderwerk ist veraltet im Zeitalter des Computers und der Atombombe. Auch für das

Theater müssen neue, sagen wir besser: andere Wege gefunden werden. Die vielen kleinen Gruppen, die Alternativbühnen sind ein deutliches Signal. Denn das Theater ist unsterblich, es hat seinen Mythos bewahrt. Unter Hunderten Verkleidungen versteckt, ist die religiöse Wurzel unverkennbar. Eine Ahnung vom heiligen Raum.

Aber noch einmal zurück zu mir. Die Gestaltsuche bei einer Rolle, alle Elemente, die sie formten, wie ihre Umwelt, die Zeit, ihre Geschichte, ihre Verbündeten, ihre Gegner, und auch die Intentionen des Autors zu erkunden – das war das aufregende Abenteuer bei jeder neuen Rolle. Bedingung dafür waren ein Regisseur, dem man sich anvertrauen konnte, und ein kontaktfreudiger Partner. Wie wichtig das ist und welcher Leidensweg manchmal dazu nötig ist, werde ich anhand einer ganz extremen Probenarbeit erklären.

1980 spielte ich mit Heinz Moog die Uraufführung eines Zweipersonenstückes von Peter Turrini: *Josef und Maria*. Moog kam auf die erste Probe mit einer fabelhaft ausgearbeiteten Rolle. Er hatte nicht nur den Text perfekt gelernt, er hatte auch alle benötigten Requisiten vorbereitet, die Brille zum Beispiel, die Tasche mit der Zeitung usw. Er hatte aber auch seinen Josef schon in der Bewegung auf der Bühne fertig gesehen, hatte die Gänge, alle Stellungen schon genau überlegt. Aber er hatte nicht an die Maria gedacht. So stand ich völlig verloren daneben. Auch der Regisseur Gerd Heinz konnte mir nicht helfen. Moogs starke Persönlichkeit dominierte. Von ihm kamen Fragen wie: „Warum steht Frau Epp da?“ oder „Warum sagt Frau Epp das so und so?“ Moog hatte das gesamte Stück nur auf seine Figur hin ausgerichtet. Meine Ratlosigkeit wuchs von Probe zu Probe. In meiner Rolle gab es den Satz: „Ja, wenn mein Mann noch wär’.“ Es wurde ein Hilferuf meiner Verlassenheit, ich brach in Tränen aus. Ich entschuldigte mich: „Ich bin hysterisch!" Aber Gerd Heinz mußte plötzlich gespürt haben, daß ich unter dem Druck des Partners so leide, daß aus mir nichts anderes mehr herauskommen konnte als pure Verzweiflung. Aber auch Moog, der ja nicht aus Überheblichkeit so gearbeitet hatte, sondern in blinder Hingabe an seinen Josef, war erschrocken. Beide erkannten endlich, daß ich für die Maria den gleichen Freiraum brauchte, wie ihn Moog bisher nur für sich in Anspruch genommen hatte. Und beide fingen an, auf mich als Maria zu hören. In wenigen Tagen verwandelten sich unsere Beziehungen: Gegenseitiges Verständnis stellte sich ein, und mit Hilfe von Gerd Heinz und seiner Assistentin Käthe Kratz konnten wir nun gemeinsam an diesem wunderbaren Stück bauen. Es wurde ein sensationeller Erfolg für uns alle: für Turrini, Moog, Gerd Heinz und mich. Wir wurden mit dem Stück nach Moskau zu einem Symposion junger österreichischer Autoren eingeladen. Aber man sieht daran auch, wie schwierig sich eine Zusammenarbeit gestalten kann. Leon und mir wurde im Laufe der Jahre schmerzlich bewußt, daß gerade wir beide nicht gut miteinander arbeiten konnten.

Leon wollte mich nur so sehen, wie er mich seit Jahren kannte oder mich zu kennen glaubte. Das vertrug sich selten mit den Rollen, die wir miteinander erarbeiten sollten. Es entstanden dadurch unerwartete Konflikte. Einmal sagte er mir nach der Premiere eines Stückes, bei dem Manker Regie geführt hatte: „Du warst mir heute wieder völlig fremd. Und immer wenn du mir fremd bist in einer Rolle, weiß ich, daß du gut bist."

Eine meiner besonderen Begabungen war allmählich bekannt geworden. Ich konnte in kürzester Zeit für eine erkrankte Kollegin einspringen. Oft hatte ich nur einen einzigen Tag Zeit zur Vorbereitung, so zum Beispiel für die Frau Brigitte im *Zerbrochenen*

Krug oder die Emilia in *Othello*. Auch für die erkrankte Vilma Degischer sprang ich von einem Tag auf den anderen im Theater in der Josefstadt als Frau Frank in *Tagebuch der Anne Frank* ein. Es scheint, als hätte sich so etwas wie ein Zweite-Besetzung-Schicksal an meine Person geheftet. Auch die Frau Alving in Ibsens *Gespenstern* war ursprünglich für Dorothea Neff angesetzt worden.

Im März 1967 fingen die Proben für die *Troerinnen des Euripides* in der Bearbeitung von Jean-Paul Sartre an. Dorothea Neff sollte die Hekuba spielen, aber nach sechs Wochen Proben mußte sie die Rolle Ende April wegen ihrer beginnenden Erblindung zurücklegen. Die Premiere war zur Festwocheneröffnung für den 19. Mai 1967 angesetzt. Ich hatte schon einige Proben als Erste Chorführerin mitgemacht. Manker führte Regie. Wir hatten sehr gut miteinander gearbeitet, daher schlug er mich als Hekuba vor. Aber Leon wollte mir dieses Experiment ersparen, er wollte mich nicht, wie er sagte, auf Glatteis führen. Man telephonierte nach einem Ersatz. Nach zwei, drei Tagen des vergeblichen Suchens stimmte Leon dann doch zu. In knapp drei Wochen mußte ich eine Rolle erarbeiten, für die ich wohl drei Monate gebraucht hätte. Es war eine aufregende und wunderbare Aufgabe, die mir hier gestellt worden war.

1990 kam noch einmal eine solche Aufgabe auf mich zu, für die ich keine Vorarbeit machen konnte. Es war die Teta in der Verfilmung des Werfel-Romans *Der veruntreute Himmel*. Ich kam am Sonntag, dem 29. April, müde, aber glücklich von einer Sizilien-Reise zurück. Am Mittwoch, dem 2. Mai, erhielt ich eine Anfrage aus Hamburg, ob ich frei und bereit wäre für die erkrankte Heidemarie Hatheyer eine Rolle zu übernehmen. Die ersten Aufnahmen waren bereits für den 7. Mai in Prag angesetzt. Der Co-Produzent verhandle zwar noch mit einer anderen Schauspielerin, aber der Regisseur wolle mich, ich möge ihm im Wort bleiben. Ich muß gestehen, daß ich keine blasse Ahnung von dem Buch hatte und die Anfrage außerdem als rein prophylaktisch betrachtete. Denn ich war überzeugt, daß die mit dem Co-Produzenten bekannte Kollegin die Rolle übernehmen würde. Also bat ich erst einmal um das Drehbuch, machte mir aber nicht allzu viele Gedanken. Obwohl noch keine Entscheidung getroffen war, saß am nächsten Tag schon die Kostümbildnerin bei mir. Abreisetermin sollte der Sonntag sein. Am Freitag nachmittag kam aber ein Anruf: „Wir erwarten Sie morgen, Samstag, in Prag. Abflug dann und dann." Ich hatte kaum zwölf Stunden, um vor meiner Abreise alles zu ordnen, und vor allem, ich hatte nicht ernsthaft an diese Aufgabe geglaubt. In Prag angekommen, hatte ich ein erstes, sehr gutes Verständigungsgespräch mit dem Regisseur. Den Sonntag verbrachte ich damit, den Text für die ersten Einstellungen am Montag zu erlernen. Außerdem beschäftigte ich mich mit Werfels Roman, um diese seltsame Frau kennenzulernen, zu verstehen und nachzuempfinden. Es war eine faszinierende Rolle, eine der schönsten Aufgaben, die ich je bekommen hatte, aber ich hatte keine Zeit zur Vorbereitung, ich mußte täglich neu improvisieren. Die Aufnahmen in Prag waren die schwersten für mich. Erstens, weil dort die Zusammenarbeit für diesen Film erst begann. Keiner aus der Equipe kannte mich als Schauspielerin. Auch der Regisseur hatte noch nicht mit mir gearbeitet. Wir mußten uns erst einmal kennenlernen. Und zweitens, weil die schwersten Szenen für die Teta dort abgedreht wurden. Dann trat das Unerwartete ein: Heidemarie Hatheyer starb. Ihr Tod, genau eine Woche nach dem Beginn unserer Arbeit, war ein harter Schlag für uns alle. Dieser Film war ganz für sie geplant und vorbereitet worden. Ihre Absage und ich als Ersatz waren schon eine harte Belastung für das Team gewesen – und nun ihr Tod. Wie ein dunkler Schatten lag das alles über der Arbeit. Was in den ersten Tagen an guter Atmosphäre erreicht worden war, verschloß sich wieder ganz. Mir wehte ein Eishauch entgegen. Ich fühlte mich völlig verlassen. Erst langsam konnten wir uns alle von dem Schlag erholen. Weitere Schauplätze unserer Arbeit waren Budapest, Reichenau und zum Schluß Berlin, wo der Film in einem Atelier beendet wurde. Und damit hatte sich nach 62 Jahren der Kreis geschlossen: von meinem ersten Engagement an der „Wanderbühne der Gesellschaft für Volksbildung" in Berlin 1928 bis zur letzten Klappe dieses Films mit meiner letzten großen Rolle in Berlin 1990.

Dreißig Jahre lang waren meine Gedanken und meine Arbeit an Leons Arbeit gebunden gewesen. Mein Glück und meine Befriedigung fand ich im Gedeihen seiner Pläne, im Erfolg des Theaters, das seine Handschrift zeigte. Das Volkstheater wurde durch ihn weitgehend mein Theater, mit dem ich mich identifizierte. Erst nach meiner Pensionierung begann ich, mich davon zu lösen. Hatte ich nicht noch andere Bereiche? Meine Familie und unser Haus in St. Andrä?

St. Andrä war unsere Zuflucht gewesen, aber auch ein Kunstwerk, das wir aus Wünschen und Träumen hatten erstehen lassen und das ein Teil von uns geworden war. Es lebte von dem Geist, der hier in Gesprächen mit Freunden lebendig wurde. Schon bald nach Leons Tod hatte ich erwogen, mich davon zu trennen. Mir war, als hätte es keine Funktion mehr, es war so sehr sein Haus, so sehr mit ihm verbunden. Doch auch ich liebte dieses Haus, so fing ich an, es auszubauen. Und da die Zerstörung des Ortsbildes stets weiterging, machte ich den Versuch, auf die Schönheit der alten Bauten aufmerksam zu machen. Ich veranstaltete in meinem Hof ein Konzert Alter Musik und engagierte dafür das Gamerith Consort. Die Künstler kamen mit ihren alten Instrumenten, wir plazierten sie vor dem Stadel, entzündeten Kerzen und Fackeln im Hof an diesem wunderschönen Sommerabend. Sie kamen alle, die Dorfzerstörer. Und ich hielt eine Rede über die von ihnen so verachtete Schönheit der Landschaft und der alten Häuser. Da blickten sie sich um in meinem alten Hof, staunten, waren ein wenig beschämt und betroffen, hörten die wunderbare Musik, aber geholfen hat es nicht viel. Mir auch nicht. Damals machte ich den ersten Versuch, mich aus der geliebten Welt von St. Andrä zu lösen. Ich habe dieses Haus 1983 verkauft und damit ein Paradies verloren. Damals schrieb ich in mein Tagebuch: *Auch die Dinge haben ihren Tod – sie brauchen ihn zur Verwandlung. Wir hüten sie, trauern, wenn wir sie verlieren – aber das, was wir an ihnen hüten wie ein Kleinod, was wir an ihnen lieben, ist doch in Wahrheit der Geist, der uns mit ihnen verbindet – sie zu einem Teil von uns selbst macht.*

Im September 1988 habe ich meine letzte Rolle in jenem Haus gespielt, dem ich 37 Jahre angehörte, dessen Ehrenmitglied ich bin. Am 31. Dezember 1989 ging ich nach 61 Bühnenjahren in Pension. Mit der Pensionierung war aller Zwang von mir genommen, ich war wirklich frei. Und jetzt? Ich bin 90 und kann die Erlebnisse meines Lebens, die Begegnungen, nicht ablegen wie Akten, sie sind ein Teil von mir geworden, immer gegenwärtig. Wie schrieb ich zu Beginn? – Nichts geht verloren, in den Tiefen unseres Seins wird die Erinnerung aus dem geboren, was uns prägt und formt.

Nachwort

Elisabeth Epp, geborene Eschbaum, kam am 26. Januar 1910 als Tochter des deutschen Architekten Ernst Eschbaum und seiner aus den Niederlanden stammenden Frau Ella Eschbaum, geborene Salberg, in Köln am Rhein zur Welt. Bei Adele Schönfeld nahm sie ersten Schauspielunterricht, um schließlich parallel dazu in der Saison 1927/28 erste Bühnenerfahrungen am Kölner Schauspielhaus zu sammeln. Dort lernte sie auch den aus Wien stammenden Schauspieler Leon Epp kennen, ehe sie am 14. Oktober 1928 bei Egon Kleyersburg in Berlin ihr erstes Engagement antrat. Eine Tournee der von ihm geleiteten „Wanderbühne der Gesellschaft für Volksbildung" führte die Achtzehnjährige mit sechs Produktionen und mehr als 150 Vorstellungen bis zum 22. April 1929 quer durch Deutschland.[1] Als am 22. Januar 1929 zu Lessings 200. Geburtstag *Minna von Barnhelm* aufgeführt wurde, galt der „Beifall des ausverkauften Saales" vor allem der von ihr verkörperten „niedlichen, schelmischen Kammerzofe, allerliebst war ihr Zusammenspiel [...]".[2]

Ende August 1929 erhielten Elisabeth Eschbaum und Leon Epp ein Engagement an das von Otto Preminger und Jakob Feldhammer gegründete, am 5. November 1929 im Gebäude des ehemaligen „Kaiserjubiläums-Stadttheaters" (der heutigen „Volksoper") eröffnete „Neue Wiener Schauspielhaus". Wenngleich die Presse kritisierte, daß man zur Eröffnung des Hauses ausgerechnet Frank Wedekinds *König Nikolo* (Regie: Otto Preminger) angesetzt hatte, feierte Elisabeth Eschbaum, eine Debütantin mit „herzzerreißender Zartheit"[3] und „tief ergreifende[n] Töne[n]"[4] einen großen persönlichen Erfolg. Ihre Szene war der Höhepunkt des Abends.[5]

Hatten die Direktoren des „Neuen Wiener Schauspielhauses" am 24. August 1929 noch erklärt, daß sie „gepflegte Kunst"[6] bieten und „moderne Autoren und Klassiker"[7] zu Wort kommen lassen wollen, setzte Otto Preminger in seiner zweiten Regiearbeit bereits auf einen Kassenmagneten: Am 8. November 1929 hatte das Boulevardstück *Sachertorte* von Rudolf Österreicher und Siegfried Geyer – mit Annie Rosar, Hans Moser und Else Rambausek in den Hauptrollen – Premiere. Elisabeth Eschbaum spielte in der Folge in Stücken wie die *Räuber* von Friedrich Schiller (Premiere: 22. November 1929; Regie: Jakob Feldhammer), *Madame Sans-Gêne* von Victorien Sardou (Premiere: 23. Dezember 1929; Regie: Larrinaga), *Mord in der 2. Etage* von Frank Vosper (Premiere: 16. Januar 1930; Regie: Jakob Feldhammer), *Ljuba macht den Haupttreffer* von Alexei Tolstoi (Premiere: 4. Februar 1930; Regie: Marholm), in Märchenbearbeitungen und Revuen.[8] Das Schauspielerkollektiv „Junge Bühne", dem Leon Epp und Elisabeth Eschbaum angehörten, versuchte schließlich, mit der in Eigeninitiative erarbeiteten Nachtaufführung *Amnestie* von K. M. Finkelnburg (Premiere: 8. März 1930; Regie: Lieck/Weiß), leider erfolglos, der zunehmenden künstlerisch-geistigen Verödung des „Neuen Wiener Schauspielhauses" entgegenzuwirken.

Am 2. Mai 1930 hatte – im regulären Spielplan des „Neuen Wiener Schauspielhauses" – noch Sergei M. Tretiakovs Schauspiel *Brülle, China!* Premiere, das vier Jahre zuvor mit spektakulärem Erfolg in Moskau aufgeführt worden war. Dr. Fritz Peter Buch führte Regie: „Beifallsstürme, hartklingendes Klatschen, Demonstrationsrufe, besonders am Schluß."[9] Daß „die Silhouette des chinesischen Boys von Fräulein Eschbaum von erotischem Reiz" gewesen sei, findet im „Neuen Wiener Journal" besondere Erwähnung.[10] In einer anderen, nur fragmentarisch erhaltenen

Kritik wird Elisabeth Eschbaum als Mitwirkende ebenfalls „besonders hervorgehoben“[11], der Direktion des Hauses hingegen empfohlen, in Hinkunft auf „maskierte Klassenkämpfe“[12] zu verzichten, denn das „Stammpublikum an der Währingerlinie“[13] sehne sich vor allem nach „gesunder Hausmannskost“[14], wie dem am 14. Februar 1930 uraufgeführten Schwank *Das Rote Tuch.*[15]

Wenig später, am 20. Mai 1930, brachten Karl Farkas und Ludwig Hirschfeld die Revue *Quer durch Wien* heraus und Elisabeth Eschbaum fiel, wie auch in dem Stück *Sibylle ... ausgeschlossen!* von G. Somogyi[16], „wieder durch ihre Anmut auf“.[17] In Karl Farkas' kabarettistischer Bilderfolge *Immer die Liebe*[18] spielte das Ensemble des „Neuen Wiener Schauspielhauses“ noch bis Ende März 1931. Nach der Uraufführung des Lustspiels *Schuh und Leder* von Carl Rössler[19] bzw. des Schwanks *Schlüssel zum Paradies* von Julius Horst[20] schloß die mittlerweile nur mehr von Jakob Feldhammer geleitete Bühne aus finanziellen Gründen die Pforten.[21]

Noch während Elisabeth Eschbaums Engagement am „Neuen Wiener Schauspielhaus“ wurde von Dr. Hans Schlesinger in der Wiener Innenstadt eine neue Bühne gegründet. Am 18. Oktober 1930 berichtete das „Neue Wiener Journal“, daß „jugendliche Enthusiasten“ in der Riemergasse[22] mit der Künstlervereinigung „Beispiele“ Literatur, „die abseits vom Wege“ liege, „pflegen“ wollten. Kürzlich habe man eine *Harlekinade* mit der Tänzerin Cilli Wang aufgeführt. Und „gestern“[23] sei die Komödie *Pauvre Lelian* aus der Taufe gehoben worden, die das Schicksal des Dichters Verlaine behandle. Wenngleich von der Kritik der „Erfolg der Darsteller Elisabeth Eschbaum, Leon Epp und Hans Schlesinger“[24] bestätigt wurde, war auch dieses Theater alsbald zum Scheitern verurteilt. Elisabeth Eschbaum setzte die gemeinsame Arbeit mit Dr. Hans Schlesinger allerdings unabhängig davon fort und erarbeitete in seinem Atelier bzw. im Volksbildungshaus Ludo Hartmann-Platz, dessen Bühne er zwischen 1933 und 1936 leitete, zahlreiche Rollen. Schlesinger, dessen Regie „ganz vom Wort" ausging, „von der Sprache", prägte damit ihre weitere künstlerische Entwicklung nachhaltig, er vermittelte ihr „das Verständnis für die Dynamik und den Rhythmus" und führte sie „zum Erleben der Ganzheit eines Gedankens, den man nicht in Worte oder gar in Buchstaben zerlegen darf."[25]

Auf ihr Engagement in Mährisch-Ostrau im März 1932 reagierte Leon Epp mit „gekränkten Briefen". „Pygmalion!"[26] lautete Jahrzehnte später Elisabeth Epps Diagnose. Im März 1933 wurde in einer Studioaufführung der Kammerspiele, die – wie andere Aufführungen zuvor – der allgemeinen Schauspielerarbeitslosigkeit entgegenwirken sollte, das Stück *Jehr* von Fritz Hochwälder aufgeführt. Elisabeth Eschbaum und Leon Epp wurden auch hier in den Kritiken besonders hervorgehoben.[27]

Im Oktober 1934, nach einer schicksalhaften Begegnung mit Otto Falckenberg, entschloß sich Elisabeth Eschbaum, ein Engagement am Deutschen Theater in Luxemburg anzunehmen. Erst im März 1936 kam sie nach Wien zurück, um Leon Epp am 3. August 1936 das Ja-Wort zu geben.

Experimentierfreude und herausragende schauspielerische Leistungen waren längst zum Markenzeichen der Bühne E. Jubals im Keller des Hauses Schottenring 3 geworden, als die Gruppe um Elisabeth Eschbaum und Leon Epp, die sich von nun an „Die Insel" nannte, im Mai 1936 mit Robert Brownings *Pippa geht vorüber* (Premiere: 8. Mai 1936; Regie: Leon Epp) an diesem „Theater für 49" ein vierzehntägiges Gastspiel gab.[28] Im November 1936 folgte mit Unterstützung der „Wiener Theatergilde" ein Gastspiel des Ensembles „Die Insel" im Beethovensaal der Wiener Hofburg. Am Programm stand Konrad Paulis' *Symphonie in Worten* (Premiere: 24. November 1936; Regie: Leon Epp). Zu den Mitwirkenden zählte, neben Margarete Schell-Noé und Hilde Weinberger, u. a. Elisabeth Eschbaum (Solo Mezzo-Sopran).[29]

Im Jahr darauf fanden Elisabeth und Leon Epp für ihr gemeinsam konzipiertes „Theater der Dichtung“, einem „Ensembletheater mit humanen Anliegen“[30], endlich geeignete Räumlichkeiten in der Wiener Innenstadt: Wenn man im ehemaligen Erzherzog-Eugen-Palais einen Blick in den „ebenerdigen Saal rechts von der großen Einfahrt“ werfe, glaube man, „einen Neubau“ zu betreten, „Elektroleitungen“ und „ein achtarmiger Luster“ werden montiert, die „wunderbar erhaltene Holztäfelung“ auf Hochglanz poliert, die Decke „blau wie abendliches Firmament“ gestrichen, „Öfen“ gesetzt, ein 50 cm hohes „Bühnenpodium“ zurechtgezimmert, die „Rampenbeleuchtung“ und der „in blauen Farben gehaltene Stoffvorhang“ montiert, „drehbare Scheinwerfer“ ausprobiert, hieß es am 18. September 1937 in der „Neuen Freien Presse“.[31] Die Stühle stammten aus den Logen des Carltheaters, waren „gut erhalten“ und, „wie echte Theatersessel sein sollen, rot tapeziert“.[32] Die Anzahl der Sitzplätze war nicht beliebig, sondern dank findiger Auslegung des Theatergesetzes von 1928 integrierender Bestandteil auch dieser Theatergründung: Als nicht konzessionspflichtiges „Theater für 49“ galt „Die Insel“ nur dann, wenn sie einen Fassungsraum von weniger als 50 Personen aufwies.[33]

Am 20. September 1937 eröffnete das Schauspielerkollektiv mit Paul Claudels *Der Bürge*, Regie führte Leon Epp. Elisabeth Eschbaum-Epp, wie sie sich nun nannte, spielte die Rolle der Sygne von Coufontaine. Bis Jahresende 1937 gab es in der „Insel am Parkring“ neben zahlreichen Lesungen, Vorträgen, Märcheninszenierungen und Kammermusikabenden drei weitere Premieren, in denen sie mitwirkte: In Joseph Gregors Bühnenbearbeitung *Das Lachen des Aristophanes* (Premiere: 14. Oktober 1937; Regie: Leon Epp) spielte sie die Friedensgöttin, in Carlo Goldonis *Die Verliebten* (Premiere: 16. November 1937; Regie: Kurt Nachmann) die Flaminia und in Alfred de Mussets *Die launische Marianne* (Premiere: 13. Dezember 1937; Regie: Leon Epp) die Marianne.[34]

Am 12. März 1938 wurde das Palais durch Einheiten der SS besetzt. Mit dem Tag des Einmarsches deutscher Truppen hatte eine generelle „Säuberung der Wiener Theater“[35] begonnen. „Unser Kollektiv wurde als Kulturbolschewismus deklariert und wir mußten zusperren. Aber noch während wir dabei waren, unsere Bühne abzubauen, kam der Befehl *Weiterspielen*“, berichtete Elisabeth Epp später.[36] Die jüdischen Mitglieder des Ensembles, dazu zählten u. a. Alfred Lipschütz, Kurt Nachmann, Hedda Berger, Maria Birkner und Franz Deutsch, die ab diesem Zeitpunkt dem Ensemble nicht mehr angehörten[37], versuchten durch Flucht oder, sofern sie in Wien blieben, im Untergrund lebend der drohenden Deportation zu entgehen. Alfred Lipschütz und Hedda Berger gelang es, ebenso wie vielen anderen, nicht. Elisabeth Epp gewährt in ihren „Erinnerungen“ Einblick in jene erschütternden Künstlerschicksale, deren umfassende wissenschaftliche Aufarbeitung nach wie vor fehlt.

Während die „Kleine Bühne in der Josefstadt“ einer „deutsch-österreichischen Erstaufführung“ des Schauspiels *Preußengeist* das Motto des Autors Paul Ernst – „Die deutsche Sonne für die ganze Welt!“ – voranstellte[38], entschied sich Leon Epp anläßlich der Wiedereröffnung der „Insel am Parkring“ im April 1938 für Rainer Maria Rilkes Drama „Ohne Gegenwart“ und damit für einen Titel, der weit über den Inhalt hinaus (auch für das zum Teil jüdische Publikum) Signalwirkung hatte (Premiere: 21. April 1938; Regie: Leon Epp).[39] Die subtile Botschaft hat ihre Wirkung nicht verfehlt, diese Produktion wurde zusammen mit Rilkes Drama *Das tägliche Leben* „über 40 mal gespielt“ und war „der größte Erfolg des Theaters“.[40] Gastspiele in Salzburg und Preßburg folgten.[41]

Am 18. Juni 1938 – ehe die bisherigen Räume des Theaters „dienstlichen Zwecken [der SS] zugeführt“[42] wurden, fand die endgültig letzte Vorstellung in der „Insel am Parkring“ statt. In dem altflämischen Schauspiel *Lanzelot und Sanderein* spielte Elisabeth Eschbaum-Epp die Sanderein (Premiere: 27. Mai 1938; Regie: Leon Epp). Diese sei „mit der ganzen Lieblichkeit der Legende ausgestattet, [...] hinreißend wie das Spiel“ sei „die Wirkung und der Dank der Zuschauer“ gewesen, lautete eine Kritik im „Deutschen Echo“.[43] Elisabeth Eschbaum-Epp „vermochte der Sanderein in ihrer Reinheit, ihrer Schande und ihrem Stolz echte Töne zu verleihen“, hieß es in der „Neuen Freien Presse“.[44] Sie sei als Sanderein „von einer betörenden Unschuld, die man ihr gerne glaubt“, schwärmte ein Rezensent in der „Wiener Zeitung“.[45] Im „Neuigkeits-Welt-Blatt“ vom 29. Mai 1938 werden auch die bedeutenden Künstler Josef Meinrad und Elfriede Kuzmany genannt, die ihren Werdegang an Leon Epps „Insel“ begannen: „Elisabeth Eschbaum-Epp verleiht der unschuldig-schuldigen Sanderein die zartesten Farben. Der böse Ritter Lanzelot wird von Franz Westen ebenso treffend charakterisiert, wie der gute Ritter durch Josef Meinrad. Leon Epp und Elfriede Kuzmany bringen eine lustige Note ins ernste Spiel.“ [46] Das Publikum nahm die von Leon Epp „hochgeistig inszenierte Dichtung“ jedenfalls mit „dankbarem Beifall“ auf.[47]

Wie wenig Leon und Elisabeth Epp dem Ideal der herrschenden Machthaber entsprochen haben, geht aus einem Gauakt hervor: „An seiner letzten Wiener Anschrift“ habe sich Epp „in politischer Hinsicht teilnahmslos verhalten“, sie seien beide

„nicht gebefreudig", die Ehefrau gebe „auch bei Sammlungen nichts", wird seitens des Gaupersonalamts am 9. Februar 1942 beklagt.[48] Daß die „Insel am Parkring" stets „außerhalb des etablierten Kulturbetriebes" angesiedelt war und „engere Berührungspunkte mit dem Regime vermied", wurde mittlerweile auch von theaterwissenschaftlicher Seite analysiert.[49] „Das Unternehmen blieb seinen Grundsätzen treu und warf zu keiner Zeit seines Bestehens kokettierende Blicke in Richtung des Geschäftstheaters."[50]

Mit welcher Radikalität die NS-Kulturpolitik ein Stück jüdischer Theaterkultur vernichtet hat, geht aus einem Exposé Leon Epps hervor, in dem er anmerkt, daß das Ensemble nunmehr (nur noch) „aus den Damen: Elisabeth Eschbaum-Epp, Elfriede Kuzmany (auch im Theater in der Josephstadt [!] in Wien tätig), Alma Köhler; den Herren: Franz We[s]ten, Erich von Mottoni, Richard Wrany" bestehe.[51] Selbst Aurel Wolfram, Kulturreferent im Reichspropagandaamt Wien, protokollierte im Dezember 1938, daß die Verfolgung jüdischer Kulturschaffender und des jüdischen Publikums negative Auswirkungen auf das „Wiener Kulturleben" habe und es in Wien erstmals in der Theatergeschichte „kein literarisches Theater", „keine Experimentierbühne" und „kaum eine nennenswerte Uraufführung" gebe.[52]

Während Leon Epp seine beruflichen Aktivitäten fortsetzte, bot sich für Elisabeth Epp – der älteste Sohn Michael war am 26. Oktober 1939 zur Welt gekommen – erst wieder im Sommer 1941 die Gelegenheit, Theater zu spielen. Anläßlich einer Wehrmachtstournee durch Polen wurden (unter der Leitung von Leon Epp) Dario Niccodemis Komödie *Scampolo* (Elisabeth Eschbaum, wie sie sich nun wieder auf den Besetzungszetteln nannte, spielte die Emilia) und Johann Nestroys Posse *Der Zerrissene* (Elisabeth Eschbaum spielte die Christine) aufgeführt.

Unmittelbar nach Kriegsende hat Elisabeth Epp, ohne die Rückkehr ihres Mannes abzuwarten, mit dem Wiederaufbau der „Komödie" in der Wiener Innenstadt, Johannesgasse 4, begonnen. Dem Programmheft der damals neugegründeten Bühne „Die Insel in der Komödie", die Leon Epp bis 1951 geleitet hat, ist das geistige Konzept dieses über mehr als 400 Sitzplätze verfügenden Theaters zu entnehmen: Das „Schauspiel der Weltliteratur" war mit Tschechows *Onkel Wanja* ebenso vertreten wie die „Komödie der Weltliteratur" mit George Bernard Shaws *Zu schön um wahr zu sein*, das „heimatlich österreichische Kammerspiel" mit Stefan Zweigs *Legende eines Lebens*. „Wie der Weg weitergeht", so Leon Epp, werde auch vom „Vertrauen" und „Verständnis" des Publikums und dessen „Liebe" für das Theater „Die Insel" abhängen.[53]

Zwischen 1945 und 1951 wirkte Elisabeth Epp in mehr als zwei Dutzend Stücken (mit wenigen Ausnahmen in der Regie von Leon Epp) mit.[54] Daß sie es war, die dann auch für die Schließung der „Insel in der Komödie" alle Vorkehrungen zu treffen hatte, ist für sie heute noch selbstverständlich.[55] „Armes Liebes, so viele [!] Arbeit bürde ich Dir wieder auf"[56], dieses Eingeständnis Leon Epps aus dem Jahr 1942 avancierte zu zeitloser Gültigkeit.

Vorerst aber feierte Elisabeth Epp in der neueröffneten „Insel in der Komödie", die schon nach drei Premieren zu den „ersten Bühnen der Stadt"[57] zählte, erstmals wieder große Erfolge. Als Helene Andrejewna in Anton Tschechows *Onkel Wanja* (Premiere: 18. Oktober 1945; Regie: Leon Epp) begeisterte sie das Publikum ebenso wie als Clarissa von Wengen in Stefan Zweigs *Legende eines Lebens* (Premiere: 25. Oktober 1945; Regie: Leon Epp) und bot die für ihren künstlerischen Werdegang stets so signifikanten „kultivierten, vornehmen und stilsicheren Leistungen"[58]. Begeisterte Rezensionen schufen die Basis für einen nach wie vor wirksamen Mythos: „Der gemeißelte Kopf dieser Frau, das beredte Auge, ein herber Leidensdruck machen sie unverwechselbar."[59] Als „esoterisch und herbfraulicher Typ des Wiener Theaters", als „Schauspielerin der Seele und Verinnerlichung", die „immer klarer, sicherer und damenhafter, vor allem in Rollen mit Seelenadel"[60] in den Vordergrund trat, war Elisabeth Epp alsbald fixiert. Eine Kritik zur Inszenierung von Jean Anouilhs *Der Passagier ohne Gepäck* (Premiere: 28. Dezember 1949; Regie: Leon Epp), in der sie als Valentine Renaud „einmalig und einzigartig zweieinhalb Stunden lang die Bühne beherrscht", zeigt andere wichtige Facetten ihrer Schauspielkunst: „Das Ungebärde, Wilde, Hemmungslose ihrer Valentine ist nicht einen Augenblick lang Deklamationstheater, sondern blendende, mitreißende Wirklichkeit. Auf der Bühne dürfte es heute keine Schauspielerin geben, die Elisabeth Epp diese Leistung nachzumachen imstande wäre. [...] So und nicht anders muß Jean Anouilh diese Gestalt gesehen haben. [...] Seine Dramen [...] zeigen uns die Hölle, ohne uns den Himmel ahnen zu lassen."[61]

Während Elisabeth Epp als Schauspielerin große Erfolge feierte, ließ sich Leon Epp auf noch größere finanzielle Wagnisse ein und pachtete im Jahr 1948 das Renaissance-Theater als zweite Bühne. Seine Hoffnung, mit diesem Lustspieltheater die „Insel" finanzieren zu können, sollte sich als trügerisch erweisen. Im August 1949 mußte das Renaissance-Theater an Paul Löwinger übergeben werden und am 18. Oktober 1949 notierte Leon Epp in seinem Kalender: „Heute vor vier Jahren begann das Theater ‚Die Insel' in der Komödie [...]. Heute wissen [wir] nicht, wie der Weg weitergeht."[62]

Am 12. Mai 1951 fand die letzte Vorstellung in der „Insel in der Komödie" statt. Eines der schönsten Theater Wiens mußte mangels kulturpolitischer Unterstützung einem Kinosaal der KIBA weichen. Die eigentliche Faszination, die in der Zeit des Wiederaufbaus von diesem Theater ausgegangen ist, wird heute vielleicht nur noch in Gesprächen mit Zeitzeugen deutlich: „Mich zog es immer wieder in Epps ‚Insel', denn was hier von der Bühne kam, war vom humanitären Gedankengut geprägt, egal ob Strindberg oder Nestroy gespielt wurde. Es agierten auf der Bühne immer Menschen."[63]

Über die darauffolgende Zeit, in der Leon Epp u. a. als Direktor des Wiener Volkstheaters wirkte, dessen Leitung er von 1952 an bis zu seinem plötzlichen Tod am 21. Dezember 1968 innehatte, berichtet Elisabeth Epp in ihren „Erinnerungen". Als Frau Henschel in Hauptmanns *Fuhrmann Henschel*[64], als Frau Amanda in Williams' *Die Glasmenagerie*[65], als Mutter des Buben George in Wilders *Die kleine Stadt*[66], als Verena in *Die Glasharfe*[67] und als Mrs. Taylos in *Die Teilnahme*[68] hatte sie während dieser Zeit ebenso großes „Rollenglück"[69] wie als „fatal veranlagte"[70] Gräfin Geschwitz in Wedekinds *Büchse der Pandora*[71] und als Frau Irma in Genets *Der Balkon*[72]. Elisabeth Epp hat in mehr als 90 Produktionen des Volkstheaters bzw. des „Volkstheaters in den Außenbezirken" und des „VT-Studios im Konzerthaus" mitgewirkt und ist heute Ehrenmitglied des Hauses. Ihr Leben und Wirken an der Seite des großen Theatermannes Leon Epp, dessen Arbeit zuletzt in einer Sonderausstellung des Historischen Museums der Stadt Wien[73] und in einer Ausstellung des Volkstheaters[74] gezeigt wurde, ist mit den von ihr 1992 verfaßten und erst jetzt zur Veröffentlichung freigegebenen Erinnerungen – einem überaus wertvollen Dokument nicht nur österreichischer Theatergeschichte – nun wohl auch in neuem Licht zu sehen und zu würdigen.

Wien, im Jänner 2000 Maria Fialik

Anmerkungen

1 Elisabeth Eschbaum spielte bei der „Wanderbühne der Gesellschaft für Volksbildung“ u. a. auch die Walli in *Kreuzfeuer*, die Kaja Fosli in *Baumeister Solness*, das Blinde Lenchen in *Glück im Winkel* und die Desdemona in *Othello*.

2 N.N.: Theaterabende in Meseritz der Wanderbühne der Gesellschaft für Volksbildung. o.D., o.O. [Privatarchiv Elisabeth Epp].

3 Neues Wiener Journal, 6.11.1929, gez. Hanns Saßmann [Privatarchiv Elisabeth Epp].

4 Ebenda.

5 Ebenda.

6 Neue Freie Presse, 24.8.1929.

7 Ebenda.

8 Vgl. Spielplan des Neuen Wiener Schauspielhauses, Direktion Jakob Feldhammer/Otto Preminger, 5.11.1929–15.7.1931. In: Klaus Bachler u. a.: Die Volksoper: Das Wiener Musiktheater. Wien: Holzhausen 1998, S. 257 f.

9 Neues Wiener Journal, 3.5.1930, gez. e.kl. [Privatarchiv Elisabeth Epp].

10 Ebenda.

11 Kritik o.D., o.O. [Privatarchiv Elisabeth Epp].

12 Ebenda.

13 Ebenda.

14 Ebenda.

15 *Das Rote Tuch*, Schwank von Julius Horst (d.i. Josef Hostasch) u. Wolfgang Polaczek. UA. 14. Februar 1930; Regie: Ambach. Hans Moser spielte die Hauptrolle.

16 Premiere: 19. September 1930; Regie: Hofmann.

17 Neues Wiener Journal, o.D., gez. d. [Privatarchiv Elisabeth Epp].

18 Premiere: 3. Februar 1931; Regie: Karl Farkas.

19 UA. 12. Mai 1931; Regie: Hofmann.

20 UA. 22. Mai 1931; Regie: Huttig.

21 Am 3. Dezember 1931 wurde das Haus unter Direktor Leo Kraus als „Volksoper“ wiedereröffnet.

22 Diese Räumlichkeiten sind ident mit jenen des späteren Rondell-Kinos.

23 Demnach fand die Premiere von *Pauvre Lelian* am 17. Oktober 1930 statt. Folgt man der zitierten Kritik, so wurde das Theater nicht nach *Harlekinade*, sondern erst nach Hans Schlesingers Komödie *Pauvre Lelian* geschlossen. Vgl. Ulrike Mayer: Theater für 49 in Wien 1934–1938. Dissertation, Wien 1994, S. 248.

24 Neues Wiener Journal, 18.10.19[30], gez. F.F. [Privatarchiv Elisabeth Epp].

25 Elisabeth Epp: Glück auf einer Insel. Leon Epp – Leben und Arbeit. Wien: Braumüller 1974, S. 21.

26 Elisabeth Epp: Erinnerungen. Aufzeichnungen eines Theaterlebens. Wien: Holzhausen 2000, S. 65.

27 Ulrike Mayer: Theater für 49 in Wien 1934–1938. Dissertation, Wien 1994, S. 248.

28 Vgl. Besetzungszettel vom 8. Mai 1936 [Historisches Museum der Stadt Wien].

29 Vgl. Besetzungszettel vom 24. November 1936 [Historisches Museum der Stadt Wien].
Erst beginnend mit der Eröffnungsvorstellung der „Insel am Parkring" wird auf den Besetzungszetteln der Name Elisabeth Eschbaum-Epp angeführt.

30 Elisabeth Epp: Glück auf einer Insel. Wien: Braumüller 1974, S. 23.

31 Neue Freie Presse, 18.9.1937 [Privatarchiv Elisabeth Epp].

32 Elisabeth Epp: Glück auf einer Insel. Wien: Braumüller 1974, S. 25.

33 Landesgesetzblatt für Wien, Jahrgang 1929, 1. Stück, Nr. 1 [Gesetz vom 11. Juli 1928].

34 Schauspielrollen Elisabeth Eschbaum-Epps im Theater „Die Insel" (20.10.1937–18.6.1938) Wien 1., Parkring 8 (Eugen Palais). Künstlerische Leitung: Leon Epp.

20.09.1937 *Der Bürge* von Paul Claudel (ÖE). Regie: Leon Epp (Sygne von Coufontaine)
14.10.1937 *Das Lachen des Aristophanes* von Joseph Gregor (EA). Regie: Leon Epp (Friedensgöttin)
16.11.1937 *Die Verliebten* von Carlo Goldoni (EA). Regie: Kurt Nachmann (Flaminia)
13.12.1937 *Die launische Marianne* von Alfred de Musset. Regie: Leon Epp (Marianne)
21.04.1938 *Ohne Gegenwart* von Rainer Maria Rilke (EA). Regie: Leon Epp (Sophie)
21.04.1938 *Das tägliche Leben* von Rainer Maria Rilke. Regie: Leon Epp (Helene)
27.05.1938 *Lanzelot und Sanderein* (Altflämisches Schauspiel). Regie: Leon Epp (Sanderein)

35 Neues Wiener Abendblatt, 16.3.1938.

36 Elisabeth Epp: Glück auf einer Insel. Wien: Braumüller 1974, S. 27.

37 Vgl. Antje Reisinger: Dokumentation und Untersuchung eines Theaters für 49 im österreichischen Ständestaat und während der nationalsozialistischen Okkupation bis Juni 1938. Diplomarbeit, Wien 1993, S. 67.

38 Vgl. Ulrike Mayer: Theater für 49 in Wien 1934–1938. Dissertation, Wien 1994, Dokument 47.

39 Elisabeth Eschbaum-Epp spielte in Rilkes Drama *Ohne Gegenwart* die Sophie. In Rilkes Drama *Das tägliche Leben* war sie am gleichen Abend als Helene zu sehen.

40 Leon Epp: Exposé (MS) über das „Theater die Insel", o.D. [Historisches Museum der Stadt Wien].

41 Vgl. Grenzbote, 18.12.1938, S. 8 [Historisches Museum der Stadt Wien].

42 Leon Epp: Exposé (MS) über das „Theater die Insel", o.D. (dem Kontext nach zu schließen im Herbst 1938 verfaßt) [Historisches Museum der Stadt Wien].

43 Das Deutsche Echo, o.D., gez. P-r [Historisches Museum der Stadt Wien].

44 Neue Freie Presse, 1.6.1938, gez. Sp [Historisches Museum der Stadt Wien].

45 Wiener Zeitung, 29.5.1938, gez. H.G. [Historisches Museum der Stadt Wien].

46 Neuigkeits-Welt-Blatt, 29.5.1938, gez. R. M. Prosl [Historisches Museum der Stadt Wien].

47 Ebenda.

48 Ulrike Mayer: Theater für 49 in Wien 1934–1938. Dissertation, Wien 1994, S. 257 [AdR, BKA-Inneres, Gauakt Leon Epp].

49 Ulrike Mayer: Theater für 49 in Wien 1934–1938. In: Hilde Haider-Pregler, Beate Reiterer (Hg.): Verspielte Zeit: Österreichisches Theater der dreißiger Jahre. Wien: Picus 1997, S. 145.

50 Ebenda.

51 Leon Epp: Exposé (MS) über das „Theater die Insel", o.D. [Historisches Museum der Stadt Wien].

52 Bundesarchiv Koblenz, R 55, Bd. 698, S. 72 ff.; zit. n. Oliver Rathkolb: „Kulturbetriebskultur 1938". In: Wien 1938. Katalog zur 110. Sonderausstellung des Historischen Museums der Stadt Wien. Wien: ÖBV 1988, S. 363.

53 Elisabeth Epp: Glück auf einer Insel. Wien: Braumüller 1974, S. 108.

54 Schauspielrollen Elisabeth Epps im Theater „Die Insel in der Komödie" (18.10.1945–12.05.1951) Wien 1., Johannesgasse 4 (heute Metro-Kino). Künstlerische Leitung: Leon Epp.

18.10.1945 *Onkel Wanja* von Anton Tschechow. Regie: Leon Epp (Helene Andrejewna)
25.10.1945 *Legende eines Lebens* von Stefan Zweig. Regie: Leon Epp (Clarissa von Wengen)
26.01.1946 *Der Bürge* von Paul Claudel. Regie: Leon Epp (Sygne von Coufontaine)
07.03.1946 *Emilia Galotti* von G.E. Lessing. Regie: Leon Epp (Gräfin Orsina)
16.04.1946 *Ostern*, Passionsspiel von August Strindberg. Regie: Leon Epp (Kristina)
20.05.1946 *Man weiß nicht wie* von Luigi Pirandello. Regie: Leon Epp (Gräfin Pice)
24.09.1946 *Elektra* von Hugo von Hofmannsthal. Regie: Leon Epp (Aufseherin)
24.02.1947 *Die Kameliendame* von Alexandre Dumas. Regie: Leon Epp (Marguerite Gautier)
17.04.1947 *Hanneles Himmelfahrt* von Gerhart Hauptmann. Regie: Leon Epp (Schwester Martha)
16.06.1947 *Sensation* von John Galsworthy. Regie: Leon Epp (Erste Dame)
12.10.1947 *Die Gefährtin* von Arthur Schnitzler. Regie: Leon Epp (Olga Merholm)
23.01.1948 *Die Mutter* von Maxim Gorki. Regie: Wilhelm Dunkl (Anna)
08.03.1948 *Mensch und Übermensch* von George B. Shaw. Regie: Leon Epp (Susanne Ramsden)
23.03.1948 *Runder Tisch* von Walter Leonhard. Regie: Mirjam Horwitz-Ziegel (Baronin Antony)
21.06.1948 *Der einsame Mann* von Gherardo Gherardi. Regie: Leon Epp (Baronin Jole Darturo)
22.11.1948 *Das weite Land* von Arthur Schnitzler. Regie: Leon Epp (Genia Hofreiter)
07.03.1949 *Bleiben Sie am Apparat* von K. Issajew und A. Galitsch. Regie: W. Dunkl (Sängerin)
28.09.1949 *Die Wildente* von Henrik Ibsen. Regie: Leon Epp (Frau Sörby)
13.10.1949 *Im Namen des Königs* von Emanuel Roblés. Regie: Leon Epp (Mutter zweier Kinder)
28.12.1949 *Der Passagier ohne Gepäck* von Jean Anouilh. Regie: Leon Epp (Valentine Renaud)
27.02.1950 *Katharina von Medici* von Emma Urban. Regie: Leon Epp (Marie Touchet)
20.06.1950 *Der Marquis von Arcis* von Carl Sternheim. Regie: Leon Epp (Marquise von Pommeraye)
13.10.1950 *Stützen der Gesellschaft* von Henrik Ibsen. Regie: Leon Epp (Schwester des Konsuls)
21.11.1950 *Die kleinen Füchse* von Lilian Hellman. Regie: Walter Firner (Aristokratin)
18.12.1950 *Passagier 7* von Helmut Schilling. Regie: Karl Schwetter (Reisende)

55 Maria Fialik: Gespräch mit Elisabeth Epp, 12.10.1999 [Archiv Maria Fialik].

56 Brief Leon Epp [Bochum] an Elisabeth Epp [Wien], 2.10.1942 [Historisches Museum der Stadt Wien].

57 Kleiner Kunstspiegel, 28.10.1945 [Privatarchiv Elisabeth Epp].

58 Ebenda.

59 Ernst Wurm: Vom Geist geadelt und vom Leid geprägt. Elisabeth Kallina, Elisabeth Epp, Eva Zilcher, Erna Korhel, Elisabeth Höbarth [...]. In: Österreichische Neue Tageszeitung, 1.6.1958 [Privatarchiv Elisabeth Epp].

60 Ebenda.

61 Neues Österreich, 30.12.1949, gez. h.a.

62 Elisabeth Epp: Glück auf einer Insel. Wien: Braumüller 1974, S. 113.

63 Vgl. Karin Breitenecker: Es muß gewagt werden. Die Direktion Leon Epp am Volkstheater 1952–1968. Diplomarbeit, Wien 1991, S. 20 [Interview mit Karl Schuster, Ensemblemitglied des Volkstheaters seit 1958, vom 12. Dezember 1990].

64 Premiere 9.9.1955 (VT): *Fuhrmann Henschel* von Gerhart Hauptmann. Regie: Günther Haenel (Frau Henschel).

65 Premiere 5.11.1957 (VT Außenbezirke): *Die Glasmenagerie* von Tennessee Williams. Regie: Hermann Kutscher (Amanda).

66 Premiere 5.1.1955 (VT Außenbezirke): *Eine kleine Stadt* von Thornton Wilder. Regie: Günther Haenel (Mrs. Gibbs).

67 Premiere 5.4.1957 (VT): *Die Glasharfe* von Truman Capote. Regie: Heinrich Schnitzler (Verena).

68 Uraufführung 24.10.1958 (VT): *Die Teilnahme* von Luigi Squarzina. Regie: Gert-Omar Leutner (Mrs. Taylos).

69 Ernst Wurm: Die verhaltenen Temperamente der Wiener Bühne. Vertreter verschiedener Fächer, aber einer seelischen Grundstimmung im Volkstheater und in der Burg. In: Österreichische Neue Tageszeitung, 26.3.1961, S. 15 [Privatarchiv Elisabeth Epp].

70 Ebenda.

71 Premiere 4.11.1960 (VT): *Die Büchse der Pandora* von Frank Wedekind. Regie: Gustav Manker (Gräfin Geschwitz).

72 Österreichische Erstaufführung 27.1.1961 (VT): *Der Balkon* von Jean Genet. Regie: Leon Epp (Irma).

73 Vgl. Historisches Museum der Stadt Wien (Hg.): Theater *Die Insel in der Komödie*. Direktion Leon Epp. 236. Sonderausstellung des Historischen Museums der Stadt Wien im Otto Wagner-Pavillon, Karlsplatz, Wien: 3. April bis 28. Juni 1998. Ausstellungskatalog. Wien 1998.
[Herrn Dr. Wilhelm Deutschmann vom Historischen Museum der Stadt Wien sei an dieser Stelle für die Erlaubnis zur Einsichtnahme in den noch nicht inventarisierten Nachlaß Leon Epps, der demnächst an das Archiv der Stadt Wien übergeben werden soll, gedankt.]

74 Vgl. Volkstheater GmbH (Hg.): „Es muß gewagt sein". Leon Epp 1905–1968. Volkstheaterdirektor 1952–1968. Ausstellungskatalog. Wien 1999. [Frau Direktor Emmy Werner bzw. Frau Dr. Girid Lot-Schlögl, der Betreuerin des Archivs, sei an dieser Stelle für die Erlaubnis zur Einsichtnahme in das Archiv des Volkstheaters gedankt.]

Personenregister

Danksagung

Es ist mir ein besonderes Anliegen, Herrn Heribert Steinbauer, dem Leiter des Verlages Holzhausen, sowie dem Lektorat des Verlages Holzhausen, Frau Mag. Maja Fuchs und Frau Dr. Anita Traxl, bzw. der von mir beauftragten Lektorin Beate Hochholdinger-Reiterer meinen herzlichen Dank für die gute Zusammenarbeit auszusprechen.